Andrea Eichhorn

Im Zauber der Berge

Andrea Eichhorn

Im Zauber der Berge

Roman

rosenheimer

Die nachfolgende Geschichte spielt größtenteils in Ellmau, einem realen Ort im Brixental in Tirol, und der umliegenden Gegend. Die Personen und Handlungen sind jedoch rein fiktiv. Übereinstimmungen mit lebenden oder toten Personen wären rein zufällig und sind nicht beabsichtigt.

3. Auflage

www.rosenheimer.com

Titelfoto: © Bernhard Angerer – Fotolia.com (oben) und
4FR – iStockphoto.com (unten)
Lektorat: Beate Decker, München
Satz: SATZstudio Josef Pieper, Bedburg-Hau
Druck und Bindung: CPI books GmbH, Leck
Printed in Germany

ISBN 978-3-475-54464-4

1

Mit raschen Schritten, den Kopf leicht eingezogen, überquerte Sophie Möller den Münchner Viktualienmarkt. Dabei merkte sie kaum, dass ihr durch den immer stärker werdenden Regen bereits das Wasser von der Nasenspitze tropfte. Normalerweise hätte sie sich darüber amüsiert, wie eben noch die Sonne frühsommerlich warm geschienen hatte und es jetzt, keine zwei Minuten später, vom dicht bewölkten Himmel goss. Wie hatte sie vorhin mit den Kindern aus ihrer Wichtelgruppe gesungen: »April, April, der weiß nicht, was er will.« Total niedlich hatten auch die Kleinsten mit Begeisterung mitgekräht.

Doch daran dachte sie jetzt nicht. Auch die vielen Stände auf dem Markt, an denen äußerst dekorativ Obst, Gemüse und Käse ausgelegt waren, würdigte sie mit keinem einzigen Blick. Nicht mal eine duftende Brezn vom Bäckerstand konnte sie heute aufhalten, sie wollte einfach nur nach Hause. Schnell huschte sie mit aufgestelltem Mantelkragen weiter, entgegenkommenden Fußgängern ängstlich ausweichend. Diese Hektik entsprach eigentlich gar nicht ihrer Art – gerade sie, die es doch immer so geliebt hatte, gemütlich über den Markt zu schlendern und Leckereien fürs Abendessen zu besorgen. Wie aus einem früheren Leben kam ihr nun diese Zeit vor, in der sie sich unbeschwert und frei gefühlt hatte. War diese fröhliche Frau, die oft und herzhaft gelacht hatte, so, dass andere meist auch nicht umhin konnten, als einfach mitzulachen, tatsächlich sie selbst gewesen? Kaum zu glauben.

Mit einer fahrigen Bewegung schob sie sich eine lange hellblonde Strähne hinters Ohr, die vollen Lippen fast zu einem Strich zusammengepresst. Oh, sie keuchte ja wie eine alte Dampflok, nur noch stoßweise ging ihr Atem. Fast so, als ob sie einen immens hohen Berg erklimmen würde. So stellte sie, die das letzte Mal in ihrer Kindheit wandern war, sich das zumindest vor. Ja, sie würde tatsächlich lieber jeden Gipfel stürmen, als noch länger diese Angst auszustehen. Eine Panik, die langsam ihren Rücken hochkroch, um dann wie mit eiserner Riesenfaust ihren Brustkorb zusammenzudrücken. Auch jetzt, obwohl doch längst alles gut sein sollte. Doch die Furcht, dass Sven heimlich hinter ihr herlief, jede Bewegung, jede Mimik von ihr beobachtete, ließ sie einfach nicht los. Vielleicht sah er ja gerade in diesem Augenblick, wie sie sich mit der Hand über die Augen fuhr, den Tränen nahe.

»Ihr Exfreund Sven Hohlbaum darf Ihnen nicht näher kommen als bis auf fünfzig Meter«, hatte ihr drei Wochen zuvor ein Kriminalbeamter versichert. »Wir haben ihn aufgeklärt, dass er, falls er mit seinem bisherigen Verhalten weitermacht, eine längere Gefängnisstrafe riskiert.« Der freundlich wirkende Endvierziger mit dem kleinen Bauchansatz hatte Sophie aufmunternd den Arm getätschelt. »Glauben Sie mir, heutzutage nimmt man Stalking nicht mehr auf die leichte Schulter.«

»Wie?«, stammelte Sophie. »Was er bis jetzt getan hat, wird nicht bestraft?«

Mit ihren großen hellblauen Augen starrte sie den Polizisten entgeistert an. Dabei musste sie wieder und wieder an die schrecklichen Situationen denken, in denen Sven sie bedrängt und beschimpft hatte.

Einmal war es besonders schlimm gewesen: Unten in ihrem Hausflur hatte er ihr aufgelauert, sie dann mit seinem Körpergewicht an die Wand gepresst. Eine Hand an ihrem Hals, während die andere ihre verzweifelt rudernden Arme herunterzudrücken versucht hatte.

»Merk dir das, Fräulein«, waren seine Worte fast zärtlich an ihr Ohr gedrungen, was die Situation noch gespenstischer gemacht hatte. »Einen Sven Hohlbaum verlässt man nicht, das ist absolut keine gute Idee, die für dich nur schlecht ausgehen kann.«

Danach irres Gelächter, das sie auch auf dem Polizeirevier noch zu hören glaubte. So laut, dass sie die letzten Worte des Polizisten zuerst gar nicht richtig wahrnehmen konnte.

»Entschuldigung, was haben Sie bitte gesagt?«

»Die Anzeige gegen Ihren Exfreund läuft, aber da im Moment keine Gefahr im Verzug ist, kann er nicht festgehalten werden, so einfach geht's dann leider auch nicht.« Danach wieder ein offenbar mitfühlend gemeintes Tätscheln, das ihr jedoch mittlerweile gehörig auf die Nerven ging. »Glauben Sie mir, Kindchen, Hohlbaum war sehr einsichtig. Als ihm klar geworden ist, was für einen Schrecken er ihnen eingejagt hat, sind ihm die Tränen gekommen.«

Sophie holte tief Luft. Einen Schrecken eingejagt! So, als ob er mal im Spiel hinter einem Baum hervorgesprungen wäre und übermütig »Buh!« geschrien hätte.

Jetzt blinzelte sie wie verrückt, versuchte die aufsteigenden Tränen herunterzuschlucken. Falls Sven tatsächlich hier irgendwo in der Nähe war, sollte er sie nicht auch noch heulen sehen und sich darüber scheckig lachen. Sie konnte sich wirklich lebhaft vorstellen, wie ihr Exfreund auf der Polizeiwache den reumütigen, unglücklich verliebten Mann markiert hatte. Einen von der Sorte, der einfach ein bisschen länger braucht, um zu verstehen, dass die Frau, die er doch so abgöttisch liebt, ihn tatsächlich in die Wüste geschickt hat. Dass hinter der Maske des zerknirschten Häufchen Elends ein gefährlicher Psychopath steckte, war den Polizeibeamten offenbar verborgen geblieben. Nur sie hörte sie wohl ticken – diese Zeitbombe, von der man nicht wusste, wann sie hochging. Und dennoch, vielleicht hatte sie sich vorhin beim Verlassen des Kindergartens ja wirklich eingebildet, ihn an der Straßenecke zu sehen. Den großen schlaksigen Mann mit den hellbraunen Haaren, ein bisschen lang im Nacken, aber ihm stand das. In seiner typischen lässigen Körperhaltung an einen Fahrradständer gelehnt. Dabei den leichten Anflug eines Grinsens im Gesicht.

»He, das kannst du doch auf die Entfernung gar nicht erkannt haben!«, redete sie sich selbst ins Gewissen. Ganz bestimmt musste es sich um einen Fremden gehandelt haben. Nachdem sie jedenfalls einige Male panisch nach Luft geschnappt und sich dabei hilfesuchend nach einer Kollegin umgesehen hatte, war dort nur noch der Fahrradständer gewesen – und der Mann einfach verschwunden. Vermutlich sah sie wirklich schon Gespenster …

In der nächsten Sekunde, gerade nachdem sie sich ein wenig entspannt hatte, spürte sie eine schwere Hand auf der Schulter. »Jetzt ist es so weit«, durchfuhr es sie, während ihr Herzschlag aussetzte. Zumindest kam ihr das so vor. »Renn weg! So schnell, du kannst!«, befahl eine innere Stimme. Ja, das allein wäre die richtige Reaktion gewesen. Doch was tat sie? Wie ein Kaninchen in der Falle, unfähig zur Flucht sich nur noch tot stellend, verharrte sie.

»Sophie«, hörte sie hinter sich eine männliche Stimme, die gleichzeitig fragend und auch ein wenig verwirrt klang.

Langsam drehte sie sich um, versuchte sogar ein Lächeln, als sie Johannes Reichelt, den Vater der kleinen Hanna aus ihrer Wichtelgruppe, vor sich stehen sah. Ein gut aussehender mittelgroßer Mann im dunklen Anzug, der fast ein bisschen wirkte, als sei er eine Figur aus dem US-Film *Wall Street* mit Michael Douglas und just der Leinwand entstiegen. Dabei war Reichelt weder Schauspieler noch Banker, sondern Lebensmittelchemiker. Ob er wohl den Felsbrocken gehört hatte, der gerade von ihrer Brust gekullert war?

»Hallo«, murmelte sie, noch immer um ein Lächeln bemüht, das nicht so richtig gelingen wollte.

Johannes Reichelt sah sie besorgt an. »Jetzt habe ich Sie wohl erschreckt, tut mir leid.«

»Alles gut, ich war nur völlig in Gedanken versunken.« Okay, das hatte zumindest schon mal recht locker geklungen. Einfach entspannen und nicht mehr an Sven denken, der in ihrem Leben keine Rolle mehr spielte.

»Ich habe Sie zufällig gesehen und wollte mich noch mal bei Ihnen bedanken. Echt entzückend, wie besonders lieb Sie gestern zu unserer Hanna waren, als die Kleine im Kindergarten Fieber bekommen hat.« Er warf ihr einen warmherzigen Blick zu. »Meine Frau hat es mir erzählt.«

»Danke.« Sie war ehrlich gerührt. Natürlich erachtete sie es als selbstverständlich, sich fürsorglich um »ihre Wichtel« zu kümmern, aber es gefiel ihr auch sehr, wenn ihre Arbeit anerkannt wurde. Denn direktes Lob erntete man bei den doch recht anspruchsvollen Eltern, die ihre Kinder in den kleinen Privatkindergarten schickten, nicht allzu häufig. »Keine Ursache, ich hatte gestern einfach das Gefühl, der Hanna tut es gut, wenn ich ihr in der Kuschelecke ihr Lieblingsmärchen vorlese.« Als sie Johannes Reichelt nun zuzwinkerte, blitzte ihr sogar der Schalk aus den Augen. »Und Sie können mir glauben, beim ›Schneewittchen‹ macht mir jetzt niemand mehr so leicht etwas vor.«

»Glaube ich Ihnen! Bei mir ist es aber auch nicht anders.« Johannes Reichelt lachte laut auf, wirkte nun gar nicht mehr wie ein kühler Banker von der New Yorker *Wall Street*, sondern fast jungenhaft. Sie konnte sich bildlich vorstellen, wie er daheim hingebungsvoll mit Hanna und ihren Puppen spielte. Oder – Hannas neuestes Lieblingsspiel – sich von ihr als Ärztin unzählige Male die Lunge abhören und die Hand verbinden ließ. Oh, hoffentlich hatte sie ihn jetzt nicht zu lange angestarrt.

»Geht es Hanna wieder besser?«, fragte sie rasch, einigermaßen verärgert darüber, dass ihr diese Frage nicht gleich zu Beginn ihrer Begegnung eingefallen war. Offenbar hatte ihre Angst nicht nur ihren Körper, sondern auch ihr Gehirn gelähmt.

»Ja, nur noch ein bisschen erhöhte Temperatur, morgen bleibt sie noch zu Hause, auch wenn sie unbedingt zu ›ihrer‹ Sophie will.«

Verlegen verzog die Kindergärtnerin das Gesicht. Ein wenig Lob tat ja gut, jedoch allzu viel Honig ums Maul geschmiert zu bekommen, da wurde es zunehmend peinlich.

»Die Süße«, sagte sie schließlich lächelnd. »Ich wünsche ihr gute Besserung und liebe Grüße an Ihre Frau!«

Johannes Reichelt blieb nun nichts anderes übrig, als Sophie einen schönen Nachmittag zu wünschen, bevor er in einem überdachten Stand mit bayrischen Wurstwaren verschwand.

Sie schaute ihm ein letztes Mal nach, atmete einige Male tief ein und aus. Und danach wagte sie es sogar, sich unauffällig umzusehen. Keine Spur von Sven. Auch keine Gestalt, die blitzschnell hinter einem Sichtschutz verschwand. Nirgends diese braunen Augen, die sie vor einer kleinen Ewigkeit noch interessant gefunden hatte. Die Gefahr schien gebannt.

»Jawohl!«, sagte sie halblaut mit Nachdruck, so, als ob sie sich selbst tapfer überzeugen wollte. Schließlich war es auch schon über zwei Wochen her, seit Sven das letzte Mal angerufen und sie mit Schimpftiraden überzogen hatte.

»Du miese Schlampe, du wirst es büßen und mich anflehen, dass ich dir ganz schnell dein Licht ausblase.«

Ein Frösteln überfiel sie, als sie an Svens widerliche Worte dachte. Schnell schüttelte sie sich wie ein nasser Hund. Es war vorbei, daran musste sie fest glauben. Und sich gleichzeitig eingestehen, dass es wohl noch eine Weile dauern würde, bis sie kein Angstbündel mehr war, sondern die alte Sophie, die gerne lachte und dem Schicksal mit einem Augenzwinkern begegnete. Der letzte Gedanke gefiel ihr, und mit einem Lächeln auf den Lippen ging sie zögerlich weiter.

Es hatte aufgehört zu nieseln, sogar die Sonne linste ein wenig zwischen zwei Wolken hervor. Ein gutes Zeichen, wie Sophie dachte. Ihre eben noch so düstere Stimmung war zwar nicht völlig verflogen, trat jetzt jedoch hinter einem winzigen Anflug von Optimismus zurück. Alles würde gut werden, und Sven schließlich zu einer winzigen Fußnote in ihrer Vergangenheit schrumpfen – wenn auch einer sehr unangenehmen. Sie blieb stehen, überlegte kurz – um gleich darauf kehrtzumachen. Auf einmal hatte sie einen Riesenappetit auf eine duftende Brezn von ihrem Lieblingsbäcker.

Als sie kurz darauf die Treppe – immer zwei Stufen auf einmal – zu ihrer Wohnung im zweiten Stockwerk eines Altbaus nahm, plante sie schon wieder mit dem ihr eigenen Elan den Nachmittag. Wäsche waschen war unbedingt fällig, außerdem wollte sie zwei Rosenstöcke umtopfen, die darauf warteten, wieder auf den Balkon gestellt zu werden. Und vielleicht waren auch schon die neuen Musikbücher für den Kindergarten mit der Post gekommen, die der Buchladen um die Ecke für sie bestellt hatte. Sophie schnalzte leise mit der Zunge, fast hätte sie über sich selbst geschmunzelt, weil sie neugierig wie ein kleines Kind kaum erwarten konnte, die darin beschriebenen Singspiele genauer unter die Lupe zu nehmen.

»Kindergärtnerin mit Leib und Seele«, hatte ihre Chefin Jana Horwath anerkennend gemeint, als sie letztens in den Gruppenraum gekommen war.

Sophie war eben dabei gewesen, mit den Kleinen ein Märchen nachzuspielen. Da diesmal Hanna bestimmen durfte, wunderte sich keiner der Wichtel, dass die Wahl auf »Schneewittchen und die sieben Zwerge« fiel, und weil niemand die böse Stiefmutter sein wollte, hatte sich Sophie dazu breitschlagen lassen.

Nun war sie fast am letzten Treppenabsatz angekommen und kramte bereits nach ihrem Schlüsselbund. Sollte sie gleich bei ihrer Nachbarin Lisa klingeln und nach der Büchersendung fragen oder erst mal in Ruhe den Mantel ausziehen und sich kurz auf dem Sofa ausstrecken?

Lisa, die als Illustratorin für Kinderbücher daheim arbeitete, war die Anlaufstelle aller Paketboten. Gutmütig wie sie war, sträubte sie sich nie, auch die sperrigsten Lieferungen anzunehmen. Was im letzten Jahr vor Weihnachten dazu geführt hatte, dass ihr Flur wie die Lagerhalle der Post ausgesehen hatte. Sophie kicherte leise in ihren Mantelkragen hinein. Am besten sie klingelte gleich mal, vielleicht hatte Lisa auch Lust, auf einen Kaffee mit rüberzukommen. Sogar selbst gebackene Marmeladenkekse vom Wochenende konnte Sophie ihr anbieten.

Gerade als sie den Arm hob, um auf den Klingelknopf zu drücken, ging die Wohnungstür auf, und Lisa, deren wilde dunkle Locken ein Eigenleben zu führen schienen, hielt ihr breit grinsend ein Paket entgegen.

»Servus! Wenn das mal nicht Gedankenübertragung war.«

Sophie lachte auf. »Kann man sagen, und, he … danke, dass du wieder mal Lagerhalle gespielt hast.«

»Kein Problem.« Die hochgewachsene Frau, die die zarte Sophie um einen halben Kopf überragte, zuckte mit den Schultern. »Wenn man den ganzen Tag allein zu Hause arbeitet, ist man für ein bisschen Abwechslung hin und wieder sogar recht dankbar.«

»Und was hältst du zur Abwechslung von Kaffee und Marmeladenkeksen bei mir?«

Lisa hob eine Augenbraue. »Ich hab zwar noch einen Haufen Arbeit zu erledigen, aber mit den Keksen hast du mich gekriegt – warte mal kurz.« Sie lief in ihren Flur zurück und kam mit einer Zeitschrift in der Hand wieder zurück. »Tiroler Urlaubsorte, muss ich dir unbedingt zeigen.«

»Ja, prima!« Sophie nickte.

Lisa, ihre Nachbarin und sie, die im Lauf der Jahre gute Freundinnen geworden waren, hatten vor Kurzem beschlossen, als Singles doch mal gemeinsam Urlaub zu machen. Und Lisa, die Bergwanderungen über alles liebte, hatte Tirol vorgeschlagen. Warum eigentlich nicht? Als Kind war Sophie zuletzt in Tirol gewesen, damals als ihre Eltern noch gelebt hatten.

Die alte Trauer schien sich ihrer wieder zu bemächtigen, rasch versuchte sie das Gefühl abzuschütteln. Sie schaffte es nur teilweise, denn auch heute noch, zehn Jahre später, tat die Erinnerung unheimlich weh, wie ihre Mutter und ihr Vater nur kurz hintereinander an Brustkrebs und einem Herzinfarkt gestorben waren. Sophie schluckte einige Male, dann ging es wieder. Ihre

Eltern hätten sich für sie gewünscht, dass sie wieder glücklich werden möge.

»Und mit Sven ist alles okay, ich meine, lässt er dich endlich in Ruhe?«, fragte Lisa kurz danach zwischen zwei Schlucken frisch aufgebrühtem Kaffee. Sie warf Sophie quer über den Bistrotisch in der gemütlichen kleinen Küche einen prüfenden Blick zu.

Die zögerte kurz, bevor sie nicht völlig überzeugt nickte. »Ja, er hat schon eine ganze Weile nicht mehr angerufen.«

»Dann hat dieser Psychopath es ja endlich aufgegeben.« Mit fast angeekeltem Gesichtsausdruck schüttelte Lisa den Kopf.

Schon nach dem ersten Kennenlernen, ein halbes Jahr zuvor, hatte sie keinen Hehl daraus gemacht, dass ihr der Mann, der zugegeben ziemlich attraktiv aussah, einfach unsympathisch gewesen war. Mehr noch, dieser lauernde Blick und das aufschneiderische Gehabe stießen sie ab. Technischer Zeichner war Sven und seinen eigenen Angaben nach wahnsinnig talentiert. So talentiert, dass er es in keinem Büro lange aushielt, weil niemand sein Können zu schätzen wusste. Aber sicher doch. Deshalb hatte er sich selbstständig gemacht, nur fehlte hinten und vorne das Geld. Worauf Sophie ihm 6000 Euro geliehen hatte. Die jetzt natürlich weg waren.

Sophie schien zu ahnen, woran ihre Nachbarin eben dachte. »Ich weiß, ich war damals bei Sven so was von naiv und blauäugig«, sagte sie leise. »Sicher hast du dir gedacht, ich hab sie nicht mehr alle beisammen.«

Lisa zog eine ulkige Grimasse. »So ähnlich, aber er hat dich auch ganz schön umgarnt. Wie er dich in der Straßenbahn angesprochen hat, war bestimmt sehr süß.«

»Er sagte doch tatsächlich zu mir: ›Entschuldigung, dass ich Sie belästige, aber Sie haben die schönsten blauen Augen, die ich jemals gesehen habe‹.«

Das hatte er so natürlich und ehrlich verwundert gesagt, dass ihr damals ganz warm ums Herz geworden war und sie die Einladung zum Kaffee in einer kleinen Konditorei ohne Bedenken angenommen hatte. Total romantisch war ihr die Stimmung in der schummrigen Ecke – im Hintergrund sang Edith Piaf Chansons – vorgekommen. Wenn sie jetzt an diese erste Begegnung zurückdachte, konnte sie nichts Romantisches mehr daran finden. Alles war viel zu sehr von Svens wahrem Gesicht, einer regelrechten Fratze, die er bald zeigte, überdeckt.

»Ehrlich gesagt hat er von Anfang an seine Macken gehabt«, sagte sie leise, so wie zu sich selbst. Sie dachte an Svens störrische Rechthaberei, selbst wenn man ihm das Gegenteil schwarz auf weiß präsentierte, hielt er noch an seiner

Meinung fest. Wie ein trotziges kleines Kind. Eine Weile hatte sie Sven damit entschuldigt, einfach zu wenig Liebe im Leben erfahren zu haben. Da seine Eltern, schwere Alkoholiker, ihn vernachlässigt hatten, war er ab dem Grundschulalter von einer Pflegefamilie zur nächsten gereicht worden. Selbst als sich sein absonderliches Benehmen verstärkte, und er begann, Sophie zu kontrollieren, ihr heimlich auf dem Weg zum Kindergarten nachzulaufen, auf ihrem Handy nach Hinweisen suchte, dass sie ihn betrog, hatte sie seine Eifersucht noch auf die leichte Schulter genommen, ihn umarmt und geflüstert:

»Du kannst mir vertrauen, es gibt keinen anderen.«

Doch nach zwei Monaten, die immer mehr zum Albtraum wurden, kapierte sie: Dass Sven sich wie ein Verrückter aufführte, lag nicht an ihrem eigenen Verhalten, sondern einzig und allein an seiner kranken Psyche. Dennoch litt sie unter ihrem schlechten Gewissen, als sie ihm den Laufpass gab. Vielleicht auch deswegen, weil sie plötzlich wie befreit gewesen war, während Sven regelrecht wie am Boden zerstört gewirkt hatte, nicht ahnend, dass der Horror weitergehen sollte.

Lisa, vor Kurzem dreißig geworden und nur zwei Jahre älter als Sophie, streichelte dieser nun fast mütterlich über den Rücken.

»Ich bin ja froh, dass du dich recht schnell von ihm getrennt hast, stell dir mal vor, wie gestört er erst reagiert hätte, nachdem ihr Jahre zusammen gewesen wärt.«

Sophie lief bei der Vorstellung ein eiskalter Schauer den Rücken hinunter. Sie schüttelte sich übertrieben, so als ob sie fror.

»Gruselig, aber jetzt schaue ich lieber optimistisch nach vorn.«

»Sehr gut! Und du wirst sehen, bald lernst du einen Traummann kennen, den du aber am besten gleich mir vorstellst. Dem verpasse ich dann das Prädikat ›wertvoll‹ oder auch nicht.« Beide Frauen begannen zu kichern wie Teenager.

Immer noch vor sich hin glucksend, schüttelte Sophie schließlich den Kopf. »Danke, sehr lieb von dir, dass du mein Liebhaber-TÜV sein willst, aber in nächster Zeit brauche ich wirklich keinen neuen Freund.« Sie seufzte leise auf. »Von Männern habe ich nämlich für die nächsten hundert Jahre die Nase voll!«

Lisa stieß sie leicht in die Seite. »Geh, du wirst es nicht glauben, aber es gibt auch nette Exemplare. Brauchst also keine hundert Jahre zu warten.«

»Meinst wirklich?«

»Absolut!«

Lisa biss herzhaft in einen Keks, nuschelte dann mit halbvollem Mund: »Jetzt zeige ich dir, welche Hotels mir besonders gut gefallen.«

Sie griff nach dem Reisekatalog, der die ganze Zeit unbeachtet hinter ihr auf der Fensterbank gelegen hatte, während Sophie ihren Stuhl näher heranrückte.

»Lass mal schauen, wo wir im Sommer durchs Gebirge stapfen.« Jetzt hatte auch sie Feuer gefangen.

Bedächtig blätterte Lisa eine Seite nach der anderen um. Donnerwetter, sahen die Landschaftsaufnahmen von Tirol herrlich aus! Saftige grüne Almen mit kleinen Holzhütten im Vordergrund, dahinter hellgraues Gebirge, hoch aufragend bis zu den wenigen Wolken, die sich auf dem sonst strahlend blauen Himmel tummelten. Postkartenidylle pur!

»Traumhaft schön«, seufzte Sophie, die in Gedanken bereits ihre Wanderschuhe schnürte und fast eine frische Gebirgsbrise im Gesicht spürte. »Da würde ich gar nicht mehr wegwollen.«

Lisa nickte zustimmend, ihre dunklen Locken wippten dabei mit. »Mir geht's genauso, aber am Anfang müssen erst mal zwei Wochen am Stück reichen.« Sie tippte auf ein Bild mit Hotel. »Im ›Schwarzen Hirschen‹ kocht die Inhaberin selbst, hat super Internetbewertungen und ist preislich total okay. Oder hier: ›Gudruns Almhof‹ mit Blick auf den Wilden Kaiser.«

»Sehen alle schön aus.« Sophie stützte ihr Kinn auf eine Faust. »Ich glaube, die Wahl überlasse ich dir und den Internetbewertungen.«

»Mmh, ich lass dir das Heft trotzdem noch da, kannst ja zumindest mal deine Favoriten ankreuzen, dann wird's schon einfacher.« Sie warf einen schnellen Blick auf ihre Armbanduhr. »Ups, jetzt haben wir uns aber ganz schön verquatscht. Dabei wartet doch schon Knuddel sehnsüchtig auf mich.«

Sophie guckte sie so verwirrt an, dass Lisa laut auflachte und erklärte: »Ein freches Igelkind, der Held vom neuen Kinderbuch, das ich illustriere und mit dem ich Ende der Woche fertig sein muss.«

»Ach so, und ich dachte schon ein neuer Freund mit einem extrem verführerischen Spitznamen.« Sophie kicherte auch noch, als Lisa sie durch den schmalen Flur, in dem auf der Kommode immer noch das Paket mit den Mitsingbüchern lag, zur Wohnungstür begleitete.

»Servus! Und schönen Abend noch!«, sagten die beiden Frauen fast gleichzeitig und fingen darüber wieder an zu lachen.

Bevor Lisa in ihrer Wohnung verschwand, steckte sie ihren Lockenkopf abermals zur Tür hinaus. »Und schaust vielleicht gleich heute, welches Hotel dir am besten gefällt. Am liebsten würde ich noch diese Woche buchen – ist ja nicht mehr so lange hin bis zum Sommer.«

»Mach ich, versprochen!«, antwortete Sophie, winkte Lisa kurz zu, bevor sie ihre Wohnungstür schloss.

Jetzt war aber zuerst mal ihr Paket dran. Mit einer Schere bewaffnet ließ sie sich auf ihr gemütliches mintgrünes Sofa fallen und begann den Karton, der mit erstaunlich viel Klebeband verpackt war, aufzuschneiden. Fast ein wenig unprofessionell sah das aus, was ihr für eine Firma, die doch andauernd Pakete verschickte, recht ungewöhnlich erschien. Egal, sie wollte endlich die Bücher auspacken. Nur noch zwei, drei Schnitte, dann war das Paket geöffnet.

Doch ausgerechnet jetzt klingelte es an ihrer Wohnungstür. Leicht genervt verzog sie das Gesicht. Manche Menschen hatten wohl diese Gabe, ausgerechnet im unpassendsten Moment zu stören. Egal, sie würde trotzdem öffnen, bestimmt war es Lisa, die sich noch mal von Knuddel hatte losreißen können und ihr etwas zum geplanten Urlaub sagen wollte. Und die natürlich nicht hellsehen konnte.

»Na, wie geht's dem Igelkind!«, rief Sophie aus, während sie die Tür öffnete.

Im nächsten Augenblick räusperte sie sich peinlich berührt, denn vor ihr stand nicht Lisa, sondern ein eher klein gewachsener Paketbote mit Vollbart und ansehnlichem Bäuchlein.

»So hat mich bis jetzt noch niemand genannt«, maulte er.

Sophie, die ein Schmunzeln unterdrücken musste, schüttelte rasch den Kopf. »Nein, natürlich nicht. Ich dachte, es sei jemand anderes.«

Weil der Mann nicht allzu überzeugt dreinschaute, fügte sie hinzu: »Wirklich!«

»Ja, ja, ist ja Ihre Sache, wenn Sie Besuch von Igeln erwarten, mir reicht schon eine einzige Unterschrift.« Mit vielsagendem Blick deutete er auf das kleine Gerät in seiner Hand, auf dessen Display Sophie rasch etwas hinkrakelte. Besser bekam sie ihre Unterschrift auf diesem Ding einfach nie hin.

»Danke und schönen Tag noch!«, rief sie dem Mann zu, der sich zur Verabschiedung bloß kurz an den Kopf getippt und bereits die Treppe erreicht hatte.

Dann stand sie da und betrachtete unschlüssig das Paket in ihrer Hand. *Buchhandlung Sommer* lautete der Absender! Plötzlich begann Sophie am ganzen Körper zu zittern. Und auch wenn sie sich dagegen wehrte, sich sagte, dass bestimmt etwas völlig Harmloses in dem soeben arglos geöffneten Päckchen stecken würde, kroch wieder die Angst ihren Rücken empor bis in die Haarwurzeln.

Wenig später im Wohnzimmer starrte sie das Paket an, als ob gleich ein Geist herausflattern würde. »Jetzt hab' dich mal nicht so!«, sagte sie mit fester Stimme in die Stille hinein. Bestimmt würde sie gleich einen Lachanfall bekommen. Ganz sicher. Hatte sie doch auch schon eine Erklärung für die beiden Schachteln parat: Die Buchhandlung hatte zwei Pakete verschickt, weil nicht alle Bücher zur selben Zeit vom zentralen Lager bei ihr eingetroffen waren. Auf diese Weise hatte es eben eine Überschneidung gegeben Das kam beim Versandhandel doch alle naselang vor!

Unwillkürlich zitterten ihre Finger, als sie das letzte Stück Klebeband mit der Schere durchtrennte. »Sei nicht so ein Angsthase!«, schimpfte sie mit sich selbst, allmählich wurde es wirklich albern.

Ein gruseliges Gefühl schnürte ihr die Kehle zu. Es wurde stärker, als ein seltsamer Geruch dem Paket entströmte, unangenehm süßlich. Seltsam, aber noch konnte sie ihn nicht einordnen. So, nur noch die Deckel umgeklappt und …

Vor lauter Entsetzen sprang Sophie vom Sofa, riss den Mund auf, doch kein Ton kam von ihren Lippen. Sie hätte später nicht sagen können, wie lange sie wie versteinert dastand und auf das tote, bereits verwesende Tier mit graubraunem Fell starrte, das mit leblosen Augen, nur notdürftig in Zeitungspapier verpackt, vor ihr lag.

»Sven … Polizei anrufen … Sofort zu Lisa rüberlaufen …« Diese Wortfetzen schwirrten wie Fliegen in ihrem Kopf umher, ohne dass sich Sophie auch nur irgendwie regen konnte.

Erst nach einiger Zeit, die ihr wie eine Ewigkeit vorkam, schob sie das Paket mit der toten Ratte auf den Boden. Obwohl ihr ganz flau im Magen war und sich ihre Beine wie Gummi anfühlten, stand sie auf und stakste zum Telefon.

Sie würde die Polizei anrufen, die mussten doch jetzt endlich etwas unternehmen.

»Ja, so wie sie davor wahnsinnig viel unternommen haben«, entgegnete eine Stimme in ihrem Hinterkopf zynisch. »Sie werden Sven vorladen, ihn befragen und erst wenn sie drohen, die Fingerabdrücke zu vergleichen, wird er gestehen, dass er eine schwache Minute hatte und dass so etwas nie mehr wieder vorkommen wird.« Ja, sie sah es bildlich vor sich, wie Sven allen vorgaukelte, ein Unschuldslamm zu sein. Ein Unschuldslamm mit Liebeskummer eben. Und verstanden das denn nicht auch die Herren Polizisten, dass es einfach unheimlich wehtat, wenn einen die Frau fürs Leben verließ?

Sophies Atem ging schneller, fast stolperte ein Atemzug über den anderen. Ein Fernsehbericht, den sie vor ein paar Tagen gesehen hatte, fiel ihr wieder ein. Eine 25-jährige Frau war von ihrem Exfreund belästigt worden. Immer wieder, bis er sich ihr nicht mehr nähern durfte. Was er aber dennoch tat, dummerweise mit einem Messer in der Hand, das dann in der Brust der Frau landete, die bald darauf verstarb.

Auch wenn Sophie es nicht wollte, drehte sich ihr Kopf zwanghaft zu dem Karton mit der toten Ratte hin. Keine Frage, Svens Botschaft war eindeutig: Jetzt war erst die Ratte tot, sie käme als Nächste an die Reihe.

»Beruhige dich«, sagte sie halblaut. Sie würde jetzt nicht die Nerven verlieren, das allein erhoffte sich Sven doch. So hatte er sie wieder in seiner Hand, konnte sie wie eine Marionette hin und her dirigieren. Jawohl, sie würde die Polizei anrufen und daran glauben, dass die sie ab sofort beschützte. Doch als sie nach dem Telefon griff, klingelte es bereits. Ohne sich zu vergewissern, ob sie die angezeigte Nummer im Display zuordnen konnte, drückte sie die Abhebetaste am Hörer.

Zuerst hörte sie nur laute, fast erregte Atemzüge, danach Svens Stimme: »Na, du kleine Schlampe. Hat dir mein Geschenk gefallen?« Er lachte hämisch. »Du glaubst doch nicht, dass ich dich einfach so davonkommen lasse und tatenlos dabei zusehe, wie du dich mit fremden Männern am Viktualienmarkt triffst wie mit diesem Scheißschnösel im Anzug.«

Sophie schluckte fassungslos. Also hatte sie es sich vorhin doch nicht eingebildet, verfolgt zu werden. Und der Mann vor der Schule war natürlich auch Sven gewesen. Ein tiefer Schluchzer brach aus ihrer Kehle, dann legte sie auf. Es war hoffnungslos, er würde nicht eher ruhen, bis er sie … ja, was? Umgebracht hatte? Oder reichte es ihm, dass sie völlig den Verstand verlor?

»Dann wären wir schon zwei«, murmelte sie, spürte, wie neben ihrer Panik auch Wut in ihr hochstieg. »Nein, mein Herr, so leicht bin ich nicht unterzukriegen!« Auch wenn sie selbstbewusst klingen wollte, krächzte sie die letzten Worte eher, dermaßen ausgetrocknet war ihre Kehle. Zuerst musste sie ein Glas Wasser trinken, dann überlegen, was sie als Nächstes tun würde. Die Polizei anrufen oder zu Lisa …? Auf jeden Fall zuerst trinken.

Auf unsicheren Beinen stakste sie in die Küche, ließ eiskaltes Wasser in ein Glas laufen. Als sie es gegen den Küchentisch gelehnt gierig trank, merkte sie, dass etwas zu Boden glitt: der Reisekatalog aus Tirol. Geistesabwesend hob sie ihn auf und wollte ihn schon zurück auf den Tisch werfen, als die aufgeschlagene Seite ihre Aufmerksamkeit weckte. Seltsam, wo sie doch im Moment völlig andere Sorgen hatte. Sie war im Kleinanzeigenteil der Zeitschrift gelandet. Eine Anzeige sprang ihr sofort ins Auge, wieder und wieder musste Sophie sie lesen: *Landwirt im Brixental sucht Kindermädchen für seinen fünf- und sechsjährigen Nachwuchs, Erzieherin bevorzugt, Kenntnisse in der Landwirtschaft sind ebenfalls Voraussetzung.* Darunter der Name und eine Telefonnummer.

Wäre das eine Lösung? Einfach weg ohne irgendjemandem zu sagen, wo man ist? Alles hinter sich lassen? Würde das überhaupt funktionieren? Dann musste sie ja quasi über Nacht ihren Job und ihre Wohnung kündigen. Würde sie es schaffen, alles abzuwickeln, ohne dass Sven etwas davon mitbekam? Unwahrscheinlich, oder vielleicht doch ein Silberstreif am Horizont. Völliger Blödsinn, oder ihre letzte Chance. Sie würde ihre Freunde verlieren und ihre Wichtelgruppe, die sie alleine schon beim Gedanken ans Fortgehen vermisste.

Sophie hatte noch gar keinen Entschluss gefasst, da wählten ihre Finger bereits von allein die Nummer, das Telefon hielt sie ja immer noch in der Hand. Es klingelte einige Male, während Sophie die Luft anhielt. Irgendwann musste sie wieder atmen, denn das Klingeln hörte nicht auf, bis ein »Hallo hier spricht Michael Hafner« sie erlöste. Oh, eine wirklich schöne, tiefe und weiche Stimme.

»Hallo, Sophie Möller am Apparat«, sagte sie schnell, vor Erleichterung schossen ihr Tränen in die Augen. Erst einen Moment später kapierte sie, dass sie gar nicht mit Michael Hafner sprach, sondern in die Ansage eines Anrufbeantworters reinplapperte.

»Im Moment sind Klara, Franz und ich nicht daheim. Aber wenn Sie wollen, hinterlassen Sie mir bitte eine Nachricht, dann rufe ich auf jeden Fall zurück.« Piep!

Sophie blinzelte kurz, fuhr sich unschlüssig mit der Zunge über die Lippen, dann sprach sie einfach drauf los: »Hallo, hier ist Sophie Möller aus München. Ich bin ausgebildete Kindergärtnerin und liebe Tirol. Es ist so einzigartig schön dort, die frische Luft in den Bergen, die satten Almen …« Wie gut, dass Lisa ihr heute die Ohren vollgeschwärmt hatte. Dann fiel ihr Blick auf den letzten Teil der Anzeige: *Kenntnisse in der Landwirtschaft sind ebenfalls Voraussetzung.* Herrje, das letzte Mal, dass sie einen Bauernhof gesehen hatte – also in Wirklichkeit, nicht im Fernsehen – war bei einem Schulausflug vor ewigen Zeiten gewesen. Ehrlich gesagt, auch das einzige Mal. Und ihr Beitrag zur Landwirtschaft hatte darin bestanden, ein weiß-braunes Kälbchen mit wunderhübsch langbewimperten Augen am Kopf zu streicheln. »Außerdem habe ich schon als junges Mädchen auf dem Bauernhof meiner Großeltern mitgearbeitet. Wir hatten Kühe, Schweine …«, erklärte sie gleich darauf mit hoffentlich einigermaßen überzeugender Stimme. Was gab es noch für Tiere? Sie überlegte kurz. »… Und natürlich Hühner. Also ich würde mich sehr freuen, wenn Sie mich zurückrufen! Auf Wiederhören!«

Als sie auflegte, lehnte sie sich nach Luft schnappend an den Kühlschrank, starrte unentwegt das Telefon in ihrer Hand an. Unglaublich, was sie da eben abgeliefert hatte. Gerade sie, die nicht mal am 1. April schwindeln konnte, um andere auf den Arm zu nehmen, hatte hier – offenbar von allen guten Geistern verlassen – eine Räuberpistole abgeliefert, völlig jenseits von Gut und Böse. Nur gut, dass sie diesem Mann niemals begegnen würde, denn ein Urlaub im Brixental kam für den Rest ihres Lebens auf jeden Fall nicht mehr infrage. Kurz musste sie über ihre Albernheit sogar schmunzeln, bis ihr wieder einfiel, in welcher Situation sie sich befand: in absoluter Lebensgefahr.

»Sven will dir bloß Angst einjagen, das gibt ihm das Gefühl, dass er immer noch Macht über dich hat. Die wenigsten Stalker bringen ihre Opfer wirklich um«, zitierte sie die Erklärung des Kriminalbeamten, die sie wohl beruhigen sollte.

Wahnsinnig beruhigend. Doch neben ihrer Angst wurde die Wut auch immer größer. Dieser Mistkerl! Wie konnte er es wagen, ihr Leben zu zerstören! Fast hätte sie das Telefon gegen die Wand geworfen – hätte es in diesem Augenblick nicht geklingelt. Mit vor Zorn zusammengepressten Augen drückte sie die Annahmetaste.

»Glaub ja nicht, dass ich mich von dir fertigmachen lasse!«, brüllte sie in den Apparat, ihre Stimme überschlug sich dabei geradezu. Doch schon nach dem ersten Satz versagte diese und völlig entsetzt über ihren Ausrutscher starrte Sophie auf den Telefonhörer in ihrer Hand.

2

Ein wenig zitterte Svens Hand, als seine Finger den Maßkrug umklammerten, der mittlerweile leer vor ihm stand. Allein der Gedanke, dass er sich nicht mal zweihundert Meter entfernt von Sophies Wohnung befand, machte ihn total kribbelig. Im Grunde musste er bloß aufstehen und losgehen, keine fünf Minuten später könnte er bereits an ihre Tür klingeln, wenn nur diese blöde Polizeiauflage nicht wäre. Klar, irgendwann würde er sich über diesen Stuss hinwegsetzen, er musste nur den richtigen Moment abwarten. Wie ein Jäger, der das Wild eine Weile beobachtet, bevor er zum endgültigen Schlag ausholt. Obwohl er sich noch gar nicht so sicher war, welche Art von Hieb er schlussendlich landen würde. Sollte er Sophie eine Weile so richtig leiden lassen? Oder ihr lieber sofort das Licht ausblasen? Oder noch mal Gnade vor Recht ergehen lassen, wenn sie reumütig zu ihm zurückkehrte?

Egal, im Moment musste er den Ball einfach flach halten. Zumindest konnte er sich schon mal herrlich über ihre Angst amüsieren. So wie vorhin, als sie sich bei seinem Anruf vor lauter

Panik so richtig schön die Hosen vollgemacht hatte.

»Noch eine Maß?« Kurt, der Wirt in der kleinen Eckkneipe, in der Sven sich mehr daheim fühlte als in seiner winzigen, unaufgeräumten Wohnung, war an seinen Tisch getreten und sah ihn fragend an.

»Sicher, oder soll ich vielleicht Luft trinken?«, entgegnete Sven unfreundlich.

Er warf Kurt einen wütenden Blick zu, nur zu gerne hätte er seine Faust in sein dumm glotzendes Gesicht gestreckt. Verdammt! Er musste dringend Dampf ablassen, wo es doch schon seit Monaten, seit Sophie, dieses Miststück, ihn verlassen hatte, in ihm brodelte. Doch so viel kapierte sogar er in seinem inzwischen recht angesäuselten Zustand:

»Mit dem Wirt seiner Lieblingskneipe sollte man es sich auf keinen Fall verscherzen. Schon gar nicht, wenn man hier bereits einige Male unangenehm aufgefallen war«, wie Kurt es ihm schon beim Reinkommen unbedingt unter die Nase hatte reiben müssen. »Wenn du hier noch mal Krawall anfängst, kriegst du Hausverbot!«

»Also, bitte noch eine«, fügte Sven deshalb versöhnlicher, sogar mit einem angedeuteten Lächeln, hinzu.

Der andere verdrehte kurz die Augen, dann verschwand er stumm mit dem leeren Bierglas hinter der Theke.

Sven starrte ihm nach, wischte sich ein paar Mal hastig über die Augen. Was Sophie wohl gerade machte? Mit seinem putzigen Geschenk würde sie zumindest nicht spielen, so viel stand fest. Bestimmt saß sie irgendwo in der Ecke und heulte sich die Augen aus. Diese blöde Kuh, die dachte, ihn könnte man einfach so aussortieren wie ein zerrissenes Paar Socken. Nicht so einen Kerl wie ihn! Von sich selbst begeistert schnalzte er leise mit der Zunge. Ihr das tote Viech mit der Post zu schicken, war eine geniale Idee gewesen. Fast kam er sich wie der Pate in einem Mafia-Film vor. Gut, dort legten die Mafiosi Leuten, die sie einschüchtern wollten, Pferdeköpfe ins Bett – aber schließlich war er nicht Al Capone, sondern immer noch Sven Hohlbaum.

»Ein Taugenichts, der sich immer wieder selbst in den Schlamassel reinmanövriert«, hatte er die Einschätzung seines letzten Pflegevaters noch im Ohr. Dieser Idiot! Der wusste doch rein gar nichts! Manche Menschen hatten einfach nur Pech im Leben, da konnten sie sich abstrampeln, wie sie wollten. Besserwisserische Lehrherren, eingebildete Kollegen. Und wenn einen da auch noch seine Braut verließ, die doch im Grunde froh sein konnte, einen dermaßen schnieken Kerl bekommen zu haben – ja, da konnte der Friedlichste schon mal den Kopf verlieren!

Sven warf einen sehnsüchtigen Blick in Richtung Tresen. Musste Kurt erst Hopfen ernten und brauen, bevor er sein Glas füllte? Eben wollte er diesen doch wirklich irrsinnig guten Scherz loswerden, als schon ein frisch gezapftes Bier vor ihm stand.

»Wohl bekomm's!«, sagte Kurt und wandte sich, ohne eine Antwort von ihm abzuwarten, einem neuen Gast zu.

Sven schaute kurz auf, gleich darauf verzog er abschätzig den Mund. Wieder so ein piekfeiner Schnösel im teuren dunkelblauen Mantel. Schicker Schnitt, bestimmt Kaschmirwolle oder so … Auf den ersten Blick sah man doch, dass sich dieser Idiot für etwas Besseres hielt, während er selbst in seiner alten Jeansjacke hier hocken musste. Ungerechte Welt, einfach verflucht ungerecht. Sofort war ihm der neue Gast mordsunsympathisch.

»Was hat der denn in einem Eckstüberl zu suchen? Dieser Boazn, die zu meinem zweiten Wohnzimmer geworden ist«, schoss es ihm durch den Kopf.

»Schön, dass ihr noch offen habt's«, hörte er ihn just in dem Moment zum Wirt sagen. »Nach dem elendslangen Meeting bin ich echt froh über ein kühles Bier!«

Aha. Herr Wichtig kam von einer Besprechung und konnte dies nur auf Englisch mitteilen. Wütend beobachtete Sven, wie der Mann einen Schluck von seinem kleinen Bier nahm. Wieder musste er an Sophie denken, an den Typ, mit dem sie am Viktualienmarkt gesprochen hatte. Auch so ein feiner Pinkel, dem hier ganz ähnlich. Svens Augen verengten sich zu schmalen Schlitzen. Ob der Viktualienmarkt-Typ Sophies Neuer war? Und sie sich in der Öffentlichkeit nur artig distanziert die Hände schüttelten, damit kein Verdacht aufkam? Vermutlich, um ihn, Sven Hohlbaum, zu täuschen.

Unbeabsichtigt lachte er auf, so laut, dass einige Gäste, die meisten schon ziemlich betrunken, kurz den Kopf in seine Richtung drehten. Auch der Schnösel, der sein leeres Glas bereits auf den Tresen gestellt hatte und nun offenbar auf der Suche nach seiner Geldbörse in die Innentasche seines Mantel fasste, warf ihm einen kurzen Blick zu. Sven starrte hasserfüllt zurück. Noch im Aufspringen kam ihm in den Sinn, dass er sich lieber beherrschen sollte. Aber wider jede Vernunft konnte er einfach nicht anders. All seine aufgestaute Wut auf Sophie, diese Mistkröte, die es gewagt hatte, seine Ehre zu verletzen, wollte raus aus ihm. Wie ein brodelnder Vulkan fühlte er sich, aus dem endlich kochende Lava entweichen würde.

»He, du Arsch!«, schrie er den Mann im Kaschmirwollmantel an, der sich bereits abgewandt hatte, riss ihn brutal an der Schulter zurück. »Was schaust du mich so damisch an?«

»Sven, halt dich zurück!«, mischte sich der Wirt ein.

Doch es war bereits zu spät, seine rechte Faust traf den Mann an der Nasenwurzel. Der taumelte, während immens viel Blut aus seiner Nase tropfte.

»Bist narrisch worden!«, brüllte Kurt entsetzt, auch die anderen Gäste schrien auf.

Ihm doch egal. Ein Hochgefühl durchfuhr Sven, so als ob er auf einer Bühne stehen und das Publikum ihm zujubeln würde. Kurz überlegte er, ob er noch mal zuschlagen sollte, so gut hatte sich das angefühlt. Schon hob er ein wenig halbherzig den Arm, hatte jedoch nicht damit gerechnet, dass sich sein Gegner so schnell wieder aufrappelte und nun zurückboxte. Halleluja! Genau gegen die Stirn. Für eine Sekunde lang musste er weg gewesen sein, dann hörte er bloß noch Spatzen um sich herum zwitschern – oder waren es Polizeisirenen?

Zur gleichen Zeit wusste Sophie nicht, ob sie lachen oder weinen sollte. Michael Hafner war am anderen Ende der Leitung und einigermaßen verwundert über ihren Aufschrei.

»Alles okay bei Ihnen?«

Mmh, seine Stimme klang weich wie Samt. »Äh, eine Freundin und ich. Wir haben uns da so ein blödes Spiel ausgedacht. Äh, total kindisch, ich weiß …«, stammelte sie, während sie mit dem Rücken die Kühlschranktür hinunterglitt.

Verflixt, hätte ihr nicht eine bessere Ausrede einfallen können? Andererseits war es ohnehin völlig egal, Michael Hafner hielt sie sicherlich für völlig gestört – und wer sollte es ihm übelnehmen? Zur Begrüßung »Glaub ja nicht, dass ich mich von dir fertigmachen lasse!« ins Telefon zu brüllen, war nun mal alles andere als vertrauenserweckend. Zweifellos wollte niemand seine Kinder von so einer Verrückten beaufsichtigen lassen. Sie schluckte. Das einzige, was sie jetzt noch tun konnte, war, sich mit einem letzten Rest von Würde aus der Affäre zu ziehen.

»Also, wie gesagt, es war ein dummes Missverständnis, und ich wünsche Ihnen noch einen schönen Abend«, sagte sie, bereits im Begriff aufzulegen.

Da hörte sie, wie Michael Hafner am anderen Ende der Leitung lachte. Ein volles, kehliges Lachen. Unvermittelt überlegte sie, wie der dazugehörige Mann wohl aussehen mochte. Groß stellte sie ihn sich vor, mit breiten Schultern und muskulösen Armen von der Arbeit auf dem Hof. Vielleicht mit kantigen Wangenknochen oder doch eher mit einem runden Gesicht und Grübchen in den Wangen? Nein, sie tippte auf kantig.

»He, so schnell wollte ich unser Gespräch aber nicht beenden!«, riss Michael Hafner sie aus ihren zugegeben völlig wirren Gedanken.

»Ach, nein?« Zu blöd, dass ihr nichts Geistreicheres einfiel. Fieberhaft überlegte sie, was sie noch sagen könnte, da ihr Hirn sich aber offensichtlich in Watte verwandelt hatte, war sie froh, als Michael Hafner weitersprach:

»Genau genommen habe ich das Gefühl, Sie passen perfekt auf meinen Hof. Sie sind Kindergärtnerin und kennen sich in der Landwirtschaft aus?«

»Ja, stimmt«, sagte sie, kreuzte dabei jedoch schuldbewusst die Finger ihrer linken Hand. Gleichzeitig überlegte sie, ob sie vielleicht irgendwo ein Bauernhof-Lexikon auftreiben konnte. Im Moment fielen ihr bloß die Bilderbücher aus der Wichtel-Gruppe ein, wohl keine allzu große Hilfe.

»Bleibt nur die Frage, wie rasch Sie zu uns kommen könnten«, überlegte Michael Hafner laut.

»Von mir aus lieber heute als morgen.« Sie blinzelte ungläubig, seufzte gleich darauf auf. Beim Gedanken, »ihre« Wichtel bald nicht mehr zu sehen, wurde ihr ganz mulmig. Abgesehen davon hatte sie keine Ahnung, wie rasch sie den Job kündigen konnte und die Wohnung. Dann blieb immer noch Sven, der offenbar jeden Schritt von ihr mitbekam. Alleine deshalb war es ja schon unmöglich, unbemerkt aus München wegzukommen. Je länger diese Gedanken in ihrem Kopf umherwirbelten, desto klarer wurde es: Sich in Tirol als Kindermädchen zu bewerben, war eine Schnapsidee gewesen, völlig unmöglich.

»Ich glaube, ...«, begann sie deswegen zögernd, »... dass ich es doch nicht schaffen werde. Mein Job, meine Wohnung ... Ich habe wohl zu spontan bei Ihnen angerufen. Tut mir echt leid, dass ich Ihre Zeit gestohlen habe.« Warum stiegen ihr denn Tränen in die Augen? War sie jetzt völlig übergeschnappt? Sie kannte Michael Hafner gar nicht, genauso wenig wie seine Kinder und das Tiroler Brixental, und trotzdem fühlte es sich fast so an, als ob sie sich für immer von einem guten Freund verabschieden musste. Keine Frage, sie sollte dieses seltsame Telefongespräch so rasch wie möglich beenden.

»Überlegen Sie einfach in Ruhe, wie Sie alles organisieren wollen«, sagte da Michael Hafner. »Ich lasse Ihnen Zeit und verspreche, dass ich in den nächsten Wochen niemand anderen einstellen werde.« Mit seiner samtweichen Stimme fügte er hinzu: »Fragen Sie mich nicht warum, aber ich habe bei Ihnen ein total gutes Gefühl, so als ob es wirklich richtig gut mit uns passen könnte.«

Wieder hörte sie sein Lachen, das wie ein Sonnenstrahl direkt in ihr Herz zu leuchten schien. Gleich darauf verdrehte sie die Augen angesichts ihrer romantischen Flausen – als ob sie keine anderen Probleme hätte.

»Okay, dann melde ich mich auf jeden Fall morgen bei Ihnen«, sagte sie schließlich, bevor sie sich hastig verabschiedete und auflegte.

Was für ein seltsames Gespräch, falls es überhaupt stattgefunden hatte. Irgendwie fühlte sie sich, wie aus einem seltsamen Traum erwacht, einem von der Sorte, in der sich Probleme spielend lösen ließen. Noch immer leicht benommen saß sie kurz darauf am Küchentisch und versuchte, endlich wieder, sachlich zu denken: Die Wohnung konnte sie gleich am nächsten Morgen kündigen, und ihre Chefin, da war sie sich ziemlich sicher, würde ebenfalls Verständnis haben. Jana Horwath hatte längst mitgekriegt, wie sehr sie unter Svens Nachstellungen litt. Außerdem hatten sich erst kürzlich einige Kindergärtnerinnen bei ihnen beworben, von denen zumindest zwei dem Team als sehr kompetent und sympathisch erschienen waren. Blieb noch Sven. Würde sie es wirklich schaffen, aus München wegzukommen, ohne dass der Psychopath sie verfolgte?

»Du musst es versuchen!«, meldete sich eine leise Stimme in ihrem Innersten. »Sonst hat der Horror doch nie ein Ende.« Ernüchtert stöhnte sie auf. Offen gesagt hatte sie absolut keinen blassen Dunst, wie sie das schaffen konnte.

Am nächsten Vormittag im Kindergarten überlegte Sophie hin und her, ob sie ihre Chefin Jana wegen einer Kündigung oder zumindest einer unbezahlten Beurlaubung ansprechen sollte, doch jedes Mal, wenn Jana dann vor ihr stand, biss sich Sophie auf die Lippen oder redete über vollkommen andere Dinge. Sie kriegte die Kurve einfach nicht. Aber offensichtlich benahm sie sich dennoch ziemlich seltsam, zumindest warf Jana ihr bei ihrem letzten Gespräch im Garten, als Sophie den kleinen Ben geistesabwesend auf der Schaukel anschubste, einen äußerst nachdenklichen Blick zu.

»Mit dir stimmt doch etwas nicht«, stellte sie mit gerunzelter Stirn fest.

»Äh, nein, wieso?« Mist! Stand etwa auf ihrer Stirn geschrieben, was ihr die ganze Zeit durch den Kopf ging? Sie spürte, wie ihre Handflächen feucht wurden, zupfte nervös am Ausschnitt ihres T-Shirts rum.

»Na ja, ich weiß doch, was mit deinem verrückten Ex los ist«, sagte Jana leise. Mitfühlend legte ihr die große, stattliche Frau eine Hand auf die Schulter. »Wenn ich dir irgendwie helfen kann, sag es mir.«

Als die andere nur stumm nickte, fügte sie leise hinzu: »Und falls du für eine Zeit raus willst aus München …« Sie ließ den Satz unvollendet, lächelte Sophie, die auf einmal stocksteif dastand, warmherzig an. Dann lief sie zum Gartenzaun, an dem eine Mutter ihr zuwinkte.

Fassungslos guckte Sophie ihr nach, fühlte sich wie in Trance. Bis Ben mit leicht ungehaltener Stimme rief: »Sophie! Du schubst ja gar nicht mehr an!«

Die Angesprochene drehte sich zu ihm, musste angesichts seiner vorgeschobenen Unterlippe lachen: »He, eine alte Frau ist doch kein D-Zug!«

»Du bist keine alte Frau«, erklärte der Vierjährige mit ernster Stimme. »Alt ist man erst mit dreißig!«

Sophie prustete los. »Na, du musst es ja wissen!«

Inzwischen nahmen sie auch noch zwei andere Kinder in Beschlag, wollten ihr unbedingt zeigen, wie gut sie auf einem Bein hüpfen konnten. Sophie tat so, als ob sie aufmerksam zusah, dabei musste sie unablässig an Michael Hafner und das Gespräch mit Jana denken.

Auch später, als sie ihre Wohnung aufsperrte, drehten sich ihre Gedanken nur um eines: Sollte sie wirklich nach Tirol ziehen? Und wenn es dort nicht klappte? Eine so hübsche Wohnung für eine recht erschwingliche Miete fand sie in München doch nie wieder.

Plötzlich hörte sie, wie jemand die Treppe hochkam, fast schon am Treppenabsatz angekommen war. Blitzschnell drehte sie sich um, riss instinktiv die Arme vors Gesicht. Adrenalin strömte durch ihren Körper und ihren Puls hörte sie in ihren Ohren rauschen. Doch es war nur Lisa.

»He, ich bin's und ich hab echt interessante Neuigkeiten«, sagte diese und hob beschwichtigend eine

Hand. Als sie den panischen Gesichtsausdruck ihrer Freundin registrierte, schluckte sie kurz, dann sagte sie resolut: »Sag mir sofort, was passiert ist!«

»Nichts«, murmelte Sophie, in einem Ton, der sogar in ihren eigenen Ohren völlig unglaubwürdig klang. In der nächsten Sekunde füllten sich ihre Augen mit Tränen und ehe sie sich versah, begann sie leise zu schluchzen.

»Komm, heute trinken wir bei mir einen Kaffee«, sagte Lisa, zog sie dann sanft, aber bestimmt zu sich in die Wohnung.

Als sie inmitten bunter Kissen und Lampen in Lisas indisch dekoriertem Wohnzimmer saß, konnte Sophie eine Weile gar nichts sagen. Ihre Freundin ließ ihr Zeit, stellte Kaffee auf den Couchtisch, zündete Teelichter an, und weil sie schon mal die Streichhölzer in der Hand hielt, verströmten gleich darauf Räucherstäbchen einen weihrauchähnlichen Duft. Erst dann schaute Lisa sie aufmunternd an.

»Komm, erzähl einfach, und dann finden wir eine Lösung.«

Sophie nickte, holte tief Luft, um zuerst stockend, dann ohne Pause von Svens letzter gemeiner Attacke zu erzählen. Als sie fertig war, wischte sie sich mit einem Papiertaschentuch über die Augen.

»Wenn ich hier nicht bald rauskomme, drehe ich noch völlig durch.«

Lisa nickte. »Das Gleiche habe ich mir auch schon gedacht. Mit Verlaub schon seit einer ganzen Weile.« Sie legte den Kopf schief. »Und weißt, was ich gerade erfahren habe, als ich an Kurts Kneipe vorbeigekommen bin? Zwei Gäste, die gerade nach draußen getorkelt sind, haben was von Sven und der Polizei gesagt.«

Sophie wagte nicht zu atmen. »Und das heißt?«

»Natürlich bin ich gleich rein und hab mit dem Wirt gesprochen. Der hat mir erzählt, dass Sven in Untersuchungshaft sitzt, weil er einem Rechtsanwalt das Nasenbein gebrochen hat.«

»Im Gefängnis also, dann könnte ich unbemerkt fort von hier«, folgerte Sophie fast lautlos, fuhr sich mehrmals aufgeregt durch die langen Haare.

»Aber wohin willst du denn?«, fragte Lisa. »Du kennst doch niemanden.«

»Vielleicht doch. Ich habe in deinem Reiseprospekt …«

»Psst!« Lisa legte warnend ihren Finger auf den Mund. »Mir ist es lieber, wenn du mir gar nicht so genau sagst, wohin du gehst.« Leise fügte sie hinzu: »Man weiß ja nie …«

Sophie erschauderte, natürlich wusste sie, was die andere meinte. Es war auf jeden Fall besser, wenn Lisa erst einmal nicht Bescheid wusste, dann könnte Sven die Information auch nicht aus ihr herauspressen. »Und was mache ich mit der Wohnung? So viel werde ich dort wohl nicht verdienen, um …«

»Du, da habe ich eine Idee.« Lisa lachte hell auf. »Wenn das nicht ein Wink des Schicksals ist. Ellen, meine Cousine, sucht doch für eine Zeit lang eine Wohnung in München. Erst gestern haben wir miteinander telefoniert. Für ein halbes Jahr oder so, weil sie von ihrer Kölner Versicherung hierher versetzt wird. Der kannst du die Wohnung untervermieten.«

»Echt? Das wäre ja wundervoll«, freute sich Sophie, die so viel Glück gar nicht fassen konnte.

»Ja, echt«, sagte Lisa, senkte dabei jedoch beschämt ihren Blick. Es stimmte zwar, dass ihre Cousine Ellen nach München ziehen sollte, aber vermutlich in eine Wohnung des Geschäftspartners ihres Arbeitgebers, wie auch die letzten beiden Male. Ob die Firma sich auf eine andere Wohnung einlassen würde, war mehr als fraglich. Aber das mochte Lisa ihrer Freundin bestimmt nicht auf die Nase binden, wo doch ein Blinder sah, dass diese sich tatsächlich in Gefahr befand. Lieber war sie bereit, selbst eine Weile die Miete für Sophie zu bezahlen. Das konnte sie sich durch ihre aktuellen, wirklich gut dotierten Aufträge durchaus leisten.

»Du bist absolut die Beste!«, jubelte Sophie und fiel ihrer Freundin geradezu stürmisch um den Hals.

Die grinste zufrieden. Na, ging doch. Schritt für Schritt erwachten die Lebensgeister ihrer Freundin wieder. War ja auch höchste Zeit.

»Ja, ja, du bist auch nicht übel«, gab sie betont flapsig zurück, sonst begann sie noch zu heulen. »Aber anstatt zu knuddeln, würde ich an deiner Stelle endlich mal packen!«

»Du dumme Kuh«, sagte Sophie zärtlich und drückte Lisa noch enger an sich. »Ich bin dir total dankbar und ich ruf dich ganz bald von Tirol aus an.«

»Genau, so machen wir das. Kannst mir ja dann erzählen, was die Kühe auf der Alm machen.« Lisa schob sie ein Stück von sich weg. »Und mit dem Vermieter regle ich das schon. Ich kenne ihn ja schon ewig.«

»Danke!« Sophie stand auf, plötzlich fühlte sie neuen Schwung in sich, was sie selbst am meisten erstaunte. »Ich werde mal sehen, ob der Mann es sich nicht doch anders überlegt hat und ich den Job überhaupt bekomme.« Doch schon während sie das sagte, war ihr klar, dass sie auf jeden Fall weggehen musste. Zur Not würde sie eben irgendwohin ins Blaue fahren. Denn alleine der Gedanke, noch länger hilflos Svens Attacken ausgeliefert zu sein, machte sie schier wahnsinnig.

Keine 24 Stunden später saß sie mit geschlossenen Augen im Zug. Wahnsinnig erschöpft fühlte sie sich, aber auch das monotone Rattern, das sie sonst bei Zugfahrten so herrlich müde machte, ließ sie heute nicht einschlafen. Was war sie aber auch aufgeregt! Sie konnte es ja überhaupt nicht fassen, dass sie nun tatsächlich mit zwei schweren Koffern nach Tirol fuhr. Vielleicht sollte sie sich in den Arm zwicken, um sicherzugehen, dass sie nicht träumte.

Im Nachhinein erschienen ihr die vergangenen Stunden wie ein Traum. Es war erst am Tag davor gewesen, dass Lisa sie bestärkt hatte, wegzugehen, ihr sogar eine famose Lösung für ihre Wohnung angeboten hatte. Und dann das Telefonat mit Michael Hafner …

»Das ist toll, wenn Sie sich schon morgen in den Zug setzen können«, hatte er gesagt. »Wir freuen uns auf Sie!«

»Aber muss ich Ihnen denn keine Zeugnisse oder einen Lebenslauf schicken?«, hatte sie ehrlich überrascht, wenn auch nicht sehr diplomatisch, nachgefragt. Das wär's gewesen: Zeugnisse, Lebenslauf … Dann würde sie sich mit dubiosen Schilderungen ihrer vermeintlich gesammelten Erfahrungen auf irgendeinem Bauernhof erst recht in Teufels Küche bringen. Tja, da hatte sie es wieder: Ihr Talent zum Schwindeln war eben sehr, sehr begrenzt.

Zum Glück hatte Michael Hafner aber sofort abgewehrt: »Nein, nein, ich brauche keine Zeugnisse. Da werde ich mich schon lieber vor Ort davon überzeugen, dass Sie keine kinderfressende Hexe sind!« Nachdem sie einen Moment lang nichts gesagt hatte, war er in lautes Lachen ausgebrochen: »He! Das sollte ein Witz sein! Ich habe Ihnen doch schon bei unserem ersten Gespräch gesagt, dass ich bei Ihnen ein gutes Gefühl habe, und meistens kann ich mich darauf recht gut verlassen. Ich zahle Ihnen auf jeden Fall das Gehalt, das Sie zurzeit in München bekommen, zuzüglich Kost und Logis. Wenn Sie dort schon alles aufgeben, sollen Sie bei mir wenigstens kein Risiko eingehen.«

Jetzt, wenn sie an diese Unterhaltung zurückdachte, musste Sophie unwillkürlich lächeln. Dieser Mensch wirkte einfach unheimlich sympathisch. Ja, wenn sie nicht so dermaßen die Nase voll hätte von den Männern, würde sie glatt sagen, dass sie alleine seine Stimme unglaublich sexy fand.

»Jetzt mach mal halblang«, ermahnte sie sich leise. Ups, offenbar doch zu laut, denn der einzige weitere Reisegast in ihrem Abteil, eine ungefähr sechzigjährige Frau, die auf dem Fensterplatz *vis-à-vis* saß, schaute leicht empört von ihrem Kreuzworträtsel auf. Jedoch offenbar von Sophies zerknirschter Miene besänftigt, sagte sie recht freundlich in Tiroler Dialekt:

»Machen Sie Urlaub in Tirol?«

»Nein, ich werde im Brixental arbeiten, in Ellmau.«

»Das ist eine nette Ortschaft. Dort wohnt mein jüngerer Bruder, der Wabinger-Basti. Wenn Sie ihn sehen, lassen's ihn schön von der Margarete grüßen, ihm gehört die ›Wilde Gams‹ in Ellmau.«

»Aha, er ist also Tierzüchter.« Komisch, sie dachte eigentlich, dass Gämsen wild im Gebirge herumsprangen und nicht wie Kühe oder Schafe gehalten wurden. Oder hatte die Frau mit »Gams« eher eine Gans gemeint? Wie auch immer, dass sie von Landwirtschaft und Tierhaltung keinen blassen Schimmer hatte, war ihr ohnehin klar gewesen. Sie konnte nur darauf hoffen, dass Michael Hafner das nicht herausbekam, bevor sie ihn von ihren Qualitäten als Kindergärtnerin überzeugen konnte.

Das Fragezeichen in ihrem Kopf war wohl für ihr Gegenüber deutlich sichtbar, denn in der nächsten Sekunde brach die Frau in lautes, aber äußerst gutmütiges Gelächter aus. »Nein, kein Tierzüchter, Madel! Sein Wirtshaus heißt ›Zur wilden Gams‹!«

Sophie lachte mit der sympathischen Frau mit, dann streckte sie ihr die rechte Hand entgegen. »Hallo, ich bin die …« Sie zögerte eine Sekunde lang, dann sprach sie weiter: »… Sophie.« Kurz erschrak sie über sich selbst, tatsächlich so rasant einen Neuanfang gewagt zu haben. Doch jetzt gab es kein Zurück mehr.

Noch immer verwundert über ihre neue Haarfarbe, betrachtete sie ihr verändertes Spiegelbild in der Fensterscheibe. Statt wie von Natur aus hellblond waren ihre Haare nun kastanienbraun, zumindest war das auf der Packung des Färbemittels gestanden, welches sie einem plötzlichen Impuls folgend neben Zahnpasta und Duschbad im Drogeriemarkt eingekauft hatte. Ja, eigentlich hatte sie für solchen Schnickschnack wie Haare färben absolut keine Zeit gehabt. Ohne Verschnaufpause hatte sie gepackt und telefoniert – zuerst mit ihrer Chefin Jana Horwath, dann nach einigen vergeblichen Versuchen endlich mit ihrem Vermieter. Noch jetzt war Sophie ganz gerührt, wenn sie an die fürsorglichen Worte ihrer Chefin dachte.

»Kein Problem, nimm dir eine Auszeit, so lange du willst. Wenn du wiederkommst, kannst du auf jeden Fall wieder bei uns anfangen, da wird mir schon etwas einfallen.«

Auch ihr Vermieter erlaubte, dass sie die Wohnung untervermietete. Er war vielleicht nicht ganz so freundlich wie Jana gewesen, hatte ihr nicht mal Glück gewünscht, sondern nur »Solange die Miete pünktlich bezahlt wird und keine Rowdys in der Wohnung hausen«, gemurmelt, aber ihr sollte es recht sein.

Ja, sie war unendlich dankbar für die Wende des Schicksals und vor allem für die Freundschaft mit Lisa, einem echten Schatz. Für Sekunden fühlte sie sich fast, als ob sie einfach nur aus Lust und Laune in ein Abenteuer aufbrach.

Gut, Tirol war nicht der wilde Amazonas, aber trotzdem …

Dann fiel ihr wieder der Grund ihres überstürzten Aufbruchs ein: Sven! Sofort überkam sie ein Frösteln, so als ob bei ihr eine Grippe im Anmarsch wäre. »Kopf hoch, er kann dir nichts mehr tun«, sprach sie sich in Gedanken selbst Mut zu, dann warf sie wieder einen Blick auf ihr Spiegelbild. Total verändert fand sie sich mit den dunklen Haaren, ziemlich blass, aber das war ihr herzlich egal. Stattdessen fühlte sie sich wie erlöst dadurch, dass Sven, wenn er aus irgendeinem Grund doch früher aus der Untersuchungshaft freigekommen wäre, sie so bestimmt nicht gleich erkannt hätte.

»In einer guten Stunde sind Sie am Ziel«, meinte jetzt ihre Reisebekanntschaft. »Ich fahr ja noch ein bisserl weiter.«

Sophie lächelte ihr zu. »Ich werde Ihren Bruder schön grüßen lassen von Ihnen. Bestimmt kocht er gut, oder?«

»Na ja, kochen tut seine Fanni und zwar wirklich fantastisch. Dafür ist sie in der ganzen Gegend bekannt.« Margarete zog die Mundwinkel nach unten. »Wenn meine Schwägerin auch sonst ein rechter Besen ist. Früher waren der Basti und ich ein Herz und eine Seele, aber das Frauenzimmer hat einen richtigen Keil zwischen uns getrieben. Kein Wunder, dass wir uns kaum noch sehen.«

Nun schaute die Frau fast erschrocken darüber drein, dass sie wohl zu sehr aus dem Nähkästchen geplaudert hatte. Sophie nickte ihr aufmunternd zu.

»Ich werde beide ganz lieb von Ihnen grüßen lassen, wer weiß, vielleicht glätten sich die Wogen ja noch einmal.«

Margarete zog skeptisch eine Augenbraue in die Höhe. »Nach dreißig Jahren?«

»Warum nicht?«, gab Sophie entschlossen zurück, gleich darauf kam sie sich total blöd vor. Gerade sie, die ihre eigenen Probleme nur durch eine Flucht in den Griff bekam, spielte sich jetzt als die große Vermittlerin auf. Sie spürte geradezu, wie ihre Wangen anfingen zu glühen. Bestimmt fand die nette ältere Frau sie inzwischen unmöglich. Mmh, zumindest zwinkerte sie ihr nun aber geradezu fröhlich zu.

»Wer weiß, vielleicht sind Sie ja das richtige Friedensengerl für uns. Aber jetzt müssen Sie mir auch etwas von sich erzählen. Was treibt Sie eigentlich nach Tirol?« Längst hatte Margarete die Zeitung mit dem Kreuzworträtsel auf den leeren Sitz neben sich gelegt und schaute sie nun neugierig an.

Sophie schluckte. Den Albtraum mit Sven würde sie bestimmt nicht erwähnen. »Ach, ich bin Kindergärtnerin und wollte schon immer mal in Tirol leben«, sagte sie möglichst heiter und hoffentlich auch einigermaßen glaubwürdig.

»Da ist mir eine Anzeige aus Ellmau zufällig ins Auge gesprungen. Ein Landwirt sucht für seine zwei kleinen Kinder eine Erzieherin.«

»Aha, klingt ja interessant.« Nachdenklich kniff Margarete die Augen zusammen, dann beugte sie sich ein Stück vor. »Meinen Sie vielleicht den Hafner-Michael?«

Sophie nickte überrascht. Hier in Tirol kannte wohl jeder jeden. Nun ja, wenn Margaretes Bruder auch in Ellmau wohnte, war das vielleicht gar nicht mal eine so große Überraschung. Dann registrierte sie, wie ihr Gegenüber betrübt aufseufzte.

»Ja, das ist eine traurige Geschichte. Die armen Kinder. Die Gerda, die Frau vom Michael ist ja vor mehr als drei Jahren an Brustkrebs gestorben.«

Sophie zuckte zusammen. Genau wie ihre Mutter, bei der es nach der ersten Operation noch so gut ausgesehen hatte.

»Keine langen Gesichter – ich bin praktisch geheilt«, hatte sie nach dem Eingriff ihrer Familie die optimistischen Worte des Arztes ausgerichtet. Alle hatten aufgeatmet, daran geglaubt, dass der Spuk ein Ende hatte. Bis in der Leber die ersten Metastasen entdeckt worden waren.

Plötzlich spürte Sophie einen dicken Kloß im Hals, sie wollte gar nicht daran denken, auf welche traumatisierten Menschen sie bald treffen würde. Vor allem Klara und Franz. Sie schluckte einige Male, damit ihr Hals wieder frei wurde. Erfolglos. Nun war sie sich gar nicht mehr so sicher, ob sie bei einer dermaßen vom Schicksal gebeutelten Familie leben wollte. Andererseits, was hatte sie sich eigentlich gedacht? Dass ein Landwirt ein Kindermädchen benötigte, wenn es auch noch eine Mutter gab? Natürlich konnte es sich auch um vielbeschäftigte Eltern handeln, aber wenn Sophie jetzt noch mal scharf nachdachte, erinnerte sie sich, dass er immer nur von den Kindern und sich selbst gesprochen hatte. Doch weil sie die letzten Tage wie ein aufgescheuchtes Huhn umhergelaufen war, musste es ihr wohl entgangen sein.

Hastig wandte sie ihren Kopf zum Fenster, damit Margarete ihren bestürzten Gesichtsausdruck nicht sah. Gleich darauf blinzelte sie von der Helligkeit geblendet. Vorhin hatte es noch leicht geregnet, doch jetzt schien die Sonne von einem respektabel blauen Himmel, ließ das Grün der Wiesen, an denen der Zug vorbeieilte, besonders saftig erscheinen. Hübsch anzuschauen, diese Kühe, die mit aller Ruhe der Welt das Gras ausrupften. Zwischendurch blickten die Tiere auf, eine braun-weiß Gescheckte schien ihr sogar zuzunicken. Endlich hatte sich Sophie so weit gefasst, dass sie Margarete wieder in die Augen schauen konnte. »Ist ja furchtbar!«

»Ja, ein schlimmer Schicksalsschlag. Dabei ist der Hafner-Michael ein so lieber Vater und tut wohl alles, um seinen Kleinen ein geborgenes Zuhause zu bieten.« Die ältere Dame zuckte traurig mit den Schultern. »Aber die Mutter kann er wohl nicht ersetzen, und dann noch die viele Arbeit am Hof. Kühe und Hühner, dann noch der Hofladen, der, was ich von einer Bekannten mitgekriegt habe, schon ein richtiges Spezialitätengeschäft geworden ist.«

»Aber bald bin ich ja da«, sagte Sophie betont gelassen. Sogar sich selbst konnte sie mit dem zuversichtlichen Klang ihrer Stimme überzeugen. »Und ich habe ein wirklich gutes Gefühl, dass ich die Kinder aufmuntern kann.«

»Und sie mich«, ergänzte sie in Gedanken, denn auch jetzt, wo sie sich viele hundert Kilometer von ihrem Exfreund entfernt wusste, schien immer noch dieser dunkle Schleier auf ihrer Seele zu liegen.

»Auf Wiedersehen!«, verabschiedete sich Sophie von Margarete, nachdem sie ihre zwei großen Koffer in den Gang des Zuges gewuchtet hatte. An der nächsten Station, St. Johann in Tirol, würde Michael Hafner sie mit dem Auto abholen, da es in Ellmau keine Bahnstation gab.

»Auf Wiedersehen und alles Gute für Sie!«, rief ihr Margarete zu. Ihre nette Zugbekanntschaft winkte noch einmal und keine fünf Sekunden später stand Sophie mit rasendem Herzen vor einem der Ausgänge. Gleich sprang es ihr aus der Bluse, denn je langsamer der Zug fuhr, desto panischer pochte es in ihrer Brust. Hilfe, jetzt hielt er an.

Mit zittrigen Fingern drückte sie mehrmals den Türöffner, bis die Verriegelung endlich zischend aufsprang. Einen Koffer hob sie hinaus, dann stieg sie mit dem zweiten die Treppe hinab. Oh, auf einmal streckten sich ihr zwei kräftige Hände entgegen. Erschrocken schaute sie auf und zwar direkt in dichtbewimperte grüngraue Augen in einem – mit ihrer Vermutung hatte sie recht behalten – sehr attraktiven kantigen Gesicht. Huch, ihre Knie wurden ja ganz weich. »Reiß dich zusammen, sonst kippst du noch von der Treppe!«, zischte sie sich selbst in Gedanken zu.

Da, jetzt war es auch schon passiert. Mit einem Fuß war sie an der Türöffnung hängengeblieben und segelte nun geradewegs in die muskulösen Arme des Mannes.

»Grüß Sie, ich bin der Hafner-Michael«, sagte er ganz nah an ihrem Ohr, bevor er sie sicher auf die Erde stellte.

Ihr schoss das Blut in den Kopf. Was war denn bloß los mit ihr? »Hal … lo«, stotterte sie wie ein Teenager, der beim Schulschwänzen erwischt worden war. Echt peinlich! »Ich bin Sophie Möller.«

Michael lachte sie freundlich an. Herrje, der Mann in ausgewaschenen Jeans und … Hatte ihm irgendjemand gesagt, dass sein hellgrüner Pullover genau den Ton seiner Augen traf? Er sah wirklich gut aus und wirkte dabei absolut nicht eingebildet. Tja, und sie konnte sich dagegen wehren, wie sie wollte, die Schmetterlinge, die in ihrem Bauch umherflattern wollten, ließen sich partout nicht einfangen. Mach mich nicht schwach! Sie würde sich doch nicht wie ein *Girlie* Hals über Kopf in den Tiroler verknallen. »Keine Sorge, das ist nur die Aufregung, die macht dich total gaga«, gab sie sich im Geiste selbst die Antwort. »Geht bestimmt schnell wieder weg.«

»Willkommen in Tirol, Sophie! Das sind die Klara und der Franz.«

Liebe Güte, die Kinder hatte sie in ihrem Taumel fast vergessen. Echt niedlich waren die beiden, die sich nun, jeder von einer Seite, hinter ihrem Papa hervortrauten. Klara mit blonden, geflochtenen Zöpfen und himmelblauen Augen in einem süßen, sommersprossigen Gesicht. Sophie konnte sich gut vorstellen, dass sie ihrer verstorbenen Mutter ähnelte. Während der ältere Franz mit seinen grüngrauen Augen und den dunklen, leicht gelockten Haaren wie eine Miniaturausgabe seines Papas wirkte.

»Hallo, ihr beiden! Ich habe mich schon total auf euch gefreut!«, begrüßte Sophie die Kinder und schüttelte einem nach dem anderen respektvoll die Hand.

Über Klaras eben noch so verschrecktes Gesicht huschte ein Lächeln, während sie am Saum ihres rosafarbenen Kleidchens herumnestelte. »Du siehst ja richtig nett aus.«

»Ja, stimmt!«, bekräftigte ihr Bruder mit fast enttäuscht klingender Stimme. Doch als Sophie an ihn gewandt wie ein Clown Mund und Nase verzog, eine Grimasse, die bei den Wichteln immer sehr gut ankam, bewegten sich seine Mundwinkel – vielleicht sogar ein bisschen gegen seinen Willen – nach oben.

Eine Weile standen sie zu viert so da, wie in einem Kokon von der Umwelt abgeschirmt. Und für einen Moment huschte ein völlig verrückter Gedanke durch Sophies Hirn. »Fast wie eine richtige Familie.«

In der nächsten Sekunde war er auch schon wieder verflogen. Besser so, denn das, was Michael Hafner eben gesagt hatte, ließ sie vor Enttäuschung nach Luft schnappen. Auch wenn sie deswegen selbst nur entgeistert den Kopf schütteln konnte.

3

Offensichtlich ziemlich verwirrt angesichts ihrer weit aufgerissenen Augen musterte Michael sie einige Sekunden lang, dann wiederholte er das eben Gesagte. Nur deutlich langsamer: »Also, wir fahren am besten gleich zu uns nach Hause. Meine Verlobte Katrin wird dann nachkommen.«

»Natürlich, gute Idee. Ich freu mich schon«, sagte Sophie wie aus einer Trance erwacht und versuchte dabei ihre Mundwinkel hochzuziehen. Doch die schienen wie festgeklebt. Nur mit enormer Anstrengung konnte sie die dafür notwendigen Muskeln bewegen. Endlich, geschafft!

Michael Hafner war also verlobt. Was sie rein gar nichts anging und ihr natürlich auch völlig egal sein konnte, wenn sie ihre alberne Schulmädchenschwärmerei erst mal überwunden hatte. Also wirklich, nur weil er eine so tolle Stimme am Telefon gehabt hatte und ihr auch ein wenig wie ihr Retter in der Not erschienen war. Sie musste sich unbedingt wieder einkriegen.

Nichtsdestotrotz war es nun wirklich keine allzu große Überraschung, wenn ein so fescher und herzlicher Mann auch andere Frauenherzen höher schlagen ließ und bestimmt nicht den Rest seines Lebens als einsamer Witwer darben wollte.

»Hast du Bauchschmerzen?«, fragte jetzt auch noch Klara.

Mittlerweile war es so richtig peinlich. »Nein, nein, alles gut«, sagte Sophie rasch. Inzwischen hatte sie sich gefangen und stupste das Mädchen mit den Fingern leicht in die Seite. Sofort fing es unbändig an zu lachen.

»Hihihi, ich bin kitzelig!«

Franz nickte mit einem breiten Grinsen. »Und wie. Das kann richtig lustig werden, wenn die kleinen Ameisen kommen.« Schon streckte er seiner kleinen Schwester gefährlich wackelnde Finger entgegen, was gleich wieder eine Kicherattacke bei ihr auslöste. Doch bevor es richtig ernst wurde, stellte sich Michael Hafner zwischen die beiden.

»Schluss jetzt, ihr zwei Räuber. Wir gehen zum Auto! Schließlich wollen wir der Sophie doch unser Zuhause zeigen und ausruhen nach der langen Zugfahrt muss sie sich auch.«

»Stimmt!«, sagte Sophie und zwinkerte den Kindern verschwörerisch zu. »Ich bin schon total neugierig auf mein Zimmer!«

Klara nickte ernsthaft. »Kannst du auch! Da hat der Papa dir als Überraschung eine türkisblaue Tagesdecke übers Bett gelegt, und der Franzi und ich haben Blumen gepflückt!«

»Dumme Pute! Wenn du alles erzählst, ist es doch keine Überraschung mehr!«, schimpfte ihr Bruder und verdrehte theatralisch die Augen.

Die Münchnerin versuchte ernst zu bleiben. »Doch, doch! Ich weiß ja noch gar nicht, welche Blumen!«

»Es sind Marg …«, begann Klara. Hastig legte Franz ihr die Hand auf den Mund.

Gleich darauf begannen alle vier zu lachen, und Sophie konnte sich nicht daran sattsehen, wie goldig die fröhlichen Kindergesichter aussahen. Im Gegenteil zu vorhin, als Michael seine Verlobte Katrin erwähnt hatte. Da war es nicht zu übersehen gewesen, wie ihre Mienen plötzlich eingefroren waren wie bei Minusgraden. »Bestimmt nur Zufall«, lieferte sich Sophie in Gedanken selbst die Erklärung. Nichtsdestotrotz war es nicht ungewöhnlich, dass die beiden auf die neue Frau an der Seite ihres Vaters eifersüchtig waren. Da konnte diese noch so freundlich sein und ein Herz aus Gold besitzen.

Entschlossen beschleunigte Sophie hinter Michael, der die zwei schweren Koffer genommen hatte, ihre Schritte. Den einen, der keine Rollen hatte, trug er so locker, als ob das gute Stück bloß mit Watte und nicht mit Kleidung und Büchern gefüllt wäre. Hektisch versuchte sie woanders hinzuschauen als auf Michaels sehnige Hände.

Also, wo war sie stehen geblieben im Text? Ach ja: Sie würde sich auf jeden Fall bemühen, ein gutes Verhältnis zu dieser Katrin aufzubauen. Denn ihr kurzer Eifersuchtsanfall war einfach nur lächerlich gewesen. Nur nicht reinsteigern in diese alberne Schwärmerei, hieß die Devise ab jetzt. Jawohl!

Als sie nach einem tiefen Seufzer auf den Beifahrersitz des geräumigen Geländewagens kletterte, fühlte sie sich schon um einiges entspannter.

Während der Fahrt hatten die Kinder, die nun absolut nicht mehr schüchtern wirkten, etliche Fragen an sie.

»Was spielt ihr in der Wichtelgruppe?« Das war von Klara gekommen, während Franz sofort ein wenig von oben herab nachschickte:

»Hoffentlich kennst du nicht nur Mädchenspiele.«

Sophie schüttelte entschieden den Kopf. »Keine Sorge, auch für Piraten wie dich habe ich so einige Ideen.«

»Ich will aber kein Pirat sein!«, quiekte Klara, lachte jedoch, nachdem sie Sophies schiefe Grimasse bemerkte, aus vollem Hals.

»Es gibt auch Piratenprinzessinnen und die sind noch viel, viel gefährlicher als Piraten«, sagte Sophie mit geheimnisvoller Stimme, was sofort ein weiteres Kichern von Klara nach sich zog.

»Aber die haben auch schöne Kleider, oder?«

»Und wie! Da wird jede Königin neidisch.«

Klara nickte zufrieden. »Und die Katrin bestimmt auch!«

Ein wenig verwirrt sah Sophie sie an, wurde aber gleich darauf von Franz abgelenkt, der laut auflachte und seiner Schwester fast liebevoll über den blonden Schopf strich.

»Du bist bestimmt eine recht hübsche Piratenprinzessin.«

Klara strahlte übers ganze Gesicht. Ihr Vater zwinkerte ihr durch den Rückspiegel zu, dann wandte er sich mit einem kleinen Lächeln an Sophie. »So gut gelaunt habe ich die beiden schon ewig nicht mehr gesehen.«

Die junge Frau erzitterte leicht unter seinem Blick, dann gab sie sich einen Ruck. »Das wird schon alles werden.« Na toll, hätte ihr nichts Besseres einfallen können als diese Allerweltsfloskel? Das klang angesichts der tragischen Familiengeschichte ja so was von schal.

Doch Michael Hafner schien das zum Glück nicht so eng zu sehen. Nein, oder würde er sonst ihre Hand drücken? Nur einen kurzen Moment, schneller vorbei, als sie einmal Atem geholt hatte, denn dann kam auf der Bergstraße eine scharfe Kurve, und er brauchte beide Hände am Lenkrad. Die Berührung war jedoch lange genug gewesen, um einen Wonneschauer durch ihren Körper zu jagen.

»Dass du mir ja nicht die Seidenblusen vergisst!«

Zeitgleich im nur wenige Kilometer entfernten Kitzbühel warf Katrin Burgstall Irmgard einen strengen Blick zu. Nun ja, eigentlich eher einen Blick, der in etwa die gleiche Wärme wie ein Eisregen im Sturm verbreitete. Dennoch schaffte es die Angesprochene, die seit fast einem halben Jahr in Katrins Modeboutique beschäftigt war und ihren Job – abgesehen von ihrer launischen Chefin – gerne mochte, fröhlich zurückzugrinsen. Insgeheim dachte sie natürlich, dass die ihr kreuzweise den Buckel runterrutschen konnte und sie selbst nicht vertrottelt war. Deshalb hatte sie sich selbstverständlich gemerkt, dass sie die frisch eingetroffenen pastellfarbenen Seidenblusen gleich auf den Ständer neben der Eingangstür hängen sollte und die vanillegelbe auf die Schaufensterpuppe. Auf diese Bluse zeigte Katrin jetzt mit ihren perfekt manikürten Fingern.

»Und vergiss nicht, die gehört auf die Puppe!«

»Natürlich, das mache ich gleich!«, sagte Irmgard freundlich, immer noch mit einem Lächeln im Gesicht. Das auf einmal noch breiter wurde, da es nun von Herzen kam. Wenn sie richtig sah, war ein winziges Stück des bordeauxroten Nagellacks an Katrins rechtem Ringfinger abgesplittert. Der Lack war natürlich farblich abgestimmt auf das eng anliegende Top, das Katrins schmale Taille betonte. Die schlanken Beine steckten wiederum in engen weißen Röhrenjeans. Keine Frage, Katrin konnte mit Modelmaßen glänzen, aber wenn man ein wenig gemein war, musste man zugeben: Viel mehr hatte sie nicht zu bieten. Irmgard war sich ziemlich sicher, dass der kleine Nagelunfall einen mittleren Wutausbruch ihrer Chefin zur Folge haben würde. Tja, wenn man keine anderen Probleme hatte. Und da war er auch schon.

»Ist das gemein!«, rief Katrin aus, aber erst, nachdem sie einige unkontrollierte Schreie von sich gegeben hatte, dann streckte sie empört ihre Hand in die Luft. »Sauteuer war der Lack und dann splittert er schon nach einem Tag wieder ab!«

Irmgard bemühte sich um ein betroffenes Gesicht, nach dem Motto ›Ach, wie unfair das Leben doch zu dir ist, du Ärmste aller Menschen auf diesem Erdenrund‹ und hatte damit offensichtlich die genau richtige Reaktion gezeigt.

»Na ja, für das Kindermädchen vom Michael reicht es so auch«, meinte Katrin nun wieder einigermaßen beruhigt, jedoch nicht wenig herablassend.

Erstaunt hob die andere eine Augenbraue. »Kindermädchen?«

»Ja, heute kommt so eine Münchnerin, die anscheinend nichts Besseres zu tun hat, als Kinder auf der Alm zu beaufsichtigen.« Offensichtlich von dem Gedanken, dass es tatsächlich Erwachsene gab, die ihre Zeit gerne mit Kindern verbrachten, völlig befremdet, verzog sie ihren Mund zu einer angeekelten Schnute. Irmgard hätte ihr in diesem Moment am liebsten links und rechts eine schallende Ohrfeige verpasst. Dass Katrin sich im Laden oder in der Boutique – Letzteres zu betonen, bedeutete für die Lady aus Kitzbühel einen haushohen Unterschied – wie ein übel gelaunter Teufel aufspielte, damit konnte Irmgard umgehen. Aber dass sie die nun wirklich reizenden Kinder ihres Verlobten geradezu verachtete, war einfach unter aller Würde. Man konnte nur hoffen, dass das der Hafner-Michael auch irgendwann kapierte.

»Ich meine natürlich fremde Kinder, wie die Klara und den Franz. Bei den beiden ist einfach der Wurm drin, völlig verkorkst und aufsässig. Bestimmt von der Mutterseite. Und dann verwöhnt der Michael sie auch viel zu sehr«, setzte Katrin ihre Betrachtungen fort. »Aber bei eigenen Kindern, also eigenem Fleisch und Blut, das einem nacheifert und einen bewundert, ist das selbstverständlich etwas anderes. Da genießt man natürlich jede Minute, die man mit den Kleinen zusammen ist.«

»Sicher doch.« Irmgard nickte, war in Wahrheit aber ganz und gar nicht davon überzeugt, dass ihrer Chefin bei eigenen Kindern plötzlich so was wie ein Herz in der beachtlichen Brust wuchs. Aber bitte, vielleicht tat sie der dunkelhaarigen

Schönheit, die ihre langen Locken nun gekonnt in den Nacken schleuderte, als würde sie für eine Haarshampoo-Werbung posieren, ja Unrecht. Im Augenblick war es ihr auf jeden Fall wichtiger, den Laden für sich und hoffentlich recht nette Kundschaft alleine zu haben. »Dann wünsche ich dir viel Spaß bei deinen Lieben!«, sagte sie betont heiter und steuerte bereits auf die Seidenblusen zu. »Keine Sorge, ich schaffe das heute auch allein!«

»Meinst du wirklich?« Katrin wirkte nicht restlos überzeugt. Na klar, ihrer Meinung nach ging ohne sie rein gar nichts. Da wurde natürlich auch ignoriert, dass bei Weitem mehr Kundinnen ins Geschäft kamen, wenn sie nicht anwesend war. Ja, einige Frauen verließen sogar unter ziemlich fadenscheinigen Vorwänden rasch wieder das Geschäft, wenn ihnen Katrin entgegenkam, nur um später, wenn Irmgard alleine war, zurückzukommen.

Irmgard atmete nun scharf ein und musste sich regelrecht zusammenreißen, um ihre ohnehin recht wilde kupferrote Kurzhaarfrisur nicht völlig zu verstrubbeln. »Du, die zwei Stunden schaffe ich locker, und dann erzählst mir morgen, wie das Kindermädchen so ist.«

»Wie wird sie sein? Das kann ich dir auch jetzt schon sagen: Sehr einfach gestrickt natürlich. Wie ein Wollpullover ohne Muster!«, sagte Katrin und verzog abfällig das Gesicht.

Innerlich schlug Irmgard die Hände über dem Kopf zusammen. Wie konnte man sich nur dermaßen von oben herab benehmen? Und vielleicht sollte irgendjemand der guten Frau mal sagen, dass der verkniffene Mund sie nicht unbedingt hübscher machte. Aber diesen Job sollte jemand anderer übernehmen.

»Ich kann mir gut vorstellen, dass es eine schrecklich unattraktive, pummelige Liese ist«, schwadronierte Katrin weiter, während sie sich wohl nicht rein zufällig über die schmalen Hüften strich. Zumindest schien nun durch ihre eigenen Ausführungen – ihrer lebhaften, wenn auch fiesen Fantasie sei Dank – ihre Neugier geweckt, und sie schnappte sich ihre riesige Designerhandtasche. »Na, dann«, murmelte sie und stöckelte Richtung Ausgang.

»Pfiat di und noch einen schönen Abend!«, rief Irmgard ihr nach und wunderte sich kein bisschen darüber, dass ihre Chefin sich kein einziges Mal mehr umdrehte.

»Oh Gott, ist das schön hier!«

Als Sophie aus dem Auto stieg, konnte sie gar nicht anders als sich immer wieder um die eigene Achse zu drehen und ihren Blick über das wunderbare Bergpanorama schweifen zu lassen. Diese Almen in einem so satten Grün, welches einem schon allein beim Hinsehen die Seele aufgehen ließ. Dahinter thronte der Wilde Kaiser mit seinen spitzen Gipfeln. Majestätisch sah das grau-weiße Gebirge aus und so beeindruckend, dass Sophie ein paar Mal schlucken musste. Verzückt blinzelte sie in die angenehm warme Frühlingssonne, schaute danach ins Tal. Da der Hafner-Hof etwas erhöht lag, hatte man eine fantastische Aussicht auf das Dörfchen Ellmau mit den traditionellen Tiroler Bauernhäusern und der hübschen Barockkirche St. Michael mit spitzem Kirchturm, welcher stolz über die anderen Häuserdächer in den Himmel empor ragte. Der zeigte sich an diesem Tag strahlend blau mit einigen wenigen ungefährlichen Schäfchenwolken.

»Wie gemalt schaut das alles aus«, flüsterte Sophie völlig überwältigt. Gut, sie hatte natürlich auch schon vom Auto aus die wunderschöne Landschaft bewundert, war aber, wie sie so neben Michael Hafner gesessen hatte, fast zu nervös gewesen, um alles in Ruhe auf sich wirken zu lassen. Aber jetzt, während ein leichter Wind durch ihre dunklen Haare fuhr, war sie umso mehr beeindruckt.

Auch der Hafner-Hof, ein großes Bauernhaus mit kleineren Nebengebäuden, sah sehr hübsch und gepflegt aus. Im Erdgeschoss war das Mauerwerk weiß getüncht, während ab dem ersten Stock vom Wetter nachgedunkeltes Holz dominierte. Besonders entzückend fand Sophie den rundum verlaufenden Balkon mit der kunstvoll geschnitzten Holzbrüstung. Dicht gereihte Blumenkästen mit leuchtend roten Geranien rundeten das idyllische Bild ab. Traumhaft.

Wie selbstverständlich lehnte sich die kleine Klara gegen Sophies Knie. »Schön haben wir's hier, gelt?«

»Und wie! Da möchte man ja gar nicht mehr weg.«

Klaras Kinderaugen sahen sie ernst an. »Musst du auch nicht. Von mir aus kannst immer bei uns bleiben.«

Huch, gerührt musste Sophie eine Träne wegdrücken, die Kleine war einfach zu süß. Keine Frage, in weniger als einer Stunde hatte sie die Kinder dermaßen in ihr Herz geschlossen, als ob sie die beiden schon ewig kennen würde.

»Ich bleibe auch eine ganze Weile hier, großes Ehrenwort!«, sagte sie betont munter und zupfte leicht an Klaras Zöpfen. »Aber nur, wenn du mir auch mein Zimmer zeigst!«

»Aber sicher!«, nickte das Mädchen. »Dein Zimmer, das ganze Haus, den Hühnerstall, den Kuhstall, den Hofladen. Der Papa macht ja auch selber Käse, den leckersten von ganz Tirol und …«

Jäh wurde Klara von einem Collie unterbrochen, der auf sie zusprang und japsend versuchte, ihr Gesicht abzulecken. Augenscheinlich schien das Mädchen diese liebevollen Attacken bereits zu kennen und hielt sich schützend die Hände vors Gesicht. »Hör auf, Sissi!«, rief es.

»Zuerst einmal musst du die Sophie begrüßen!« Diese beugte sich zum Hund hinunter, noch ein wenig unschlüssig, ob sie ihn streicheln sollte oder nicht.

»Die Sissi tut niemandem etwas«, sagte da Michael Hafner neben ihr. Eben hatte er noch mit der Hilfe von Franz Sophies Koffer aus dem Wagen gehoben, jetzt sah er die Münchnerin mit einem amüsierten Blick an. »Also als Wachhund ist sie völlig unbrauchbar.« Leise fügte er hinzu: »Dafür ist sie für meine zwei die beste Freundin, die man sich nur vorstellen kann. Ich weiß nicht, was wäre, wenn wir sie nicht gekauft hätten, nachdem ...« Mitten im Satz brach er ab.

Doch Sophie verstand auch so. Wahrscheinlich konnte man es sich als Außenstehender gar nicht vorstellen, wie sehr die Tragödie um Michaels Frau die gesamte Familie erschüttert hatte. Margaretes Worte aus dem Zug fielen ihr wieder ein: »Die armen Kinder ...«

Plötzlich spürte sie einen Kloß im Hals, während ihr gleichzeitig das Herz vor Zuneigung überlief. Mit einem liebevollen Lächeln auf den Lippen schaute sie zu Franz und Klara, die jetzt beide der äußerst begeisterten Sissi, die mit weit von sich gestreckten Beinen auf dem Rücken lag, den Bauch kraulten.

Klara schob energisch die Hände ihres Bruders zur Seite. »Du darfst nur bis hierher streicheln, ab da ist mein Streichelbereich.«

Sophie wandte sich zu Michael, der hochgewachsen und breitschultrig neben ihr stand. Mit seinem athletischen Körper ein Bild von einem Mann, dem man es trotzdem ansah, wie er vor Liebe zu seinen Kindern wie Schokolade in der Mittagssonne geradezu dahinschmolz. Fast unmerklich seufzte Sophie auf. Diese starke Vaterliebe machte ihren neuen Chef einfach noch unwiderstehlicher. Auch wenn sie sich dagegen wehrte, hatte sie auf einmal ein Bild vor Augen, auf dem er seinen Pullover und das Hemd darunter ausgezogen hatte und mit nacktem Oberkörper vor ihr stand. In ihrer Fantasie nahm sie kräftige Brustmuskeln und einen durchtrainierten Bauch wahr.

»Geht's noch?«, herrschte sie sich selbst im Geiste an. »Oder schlägt dir die frische Bergluft aufs Hirn? Der Mann ist verlobt! Ich wiederhole, v-e-r-l-o-b-t!«

»Ist ja schon gut!«, hätte sie ihrem äußerst moralischen *Alter Ego* am liebsten laut geantwortet. »Zufälligerweise bin ich nicht schwerhörig!«

Natürlich sagte sie nichts, sonst würde der Landwirt sie doch glatt für völlig durchgedreht halten. Ein letztes Mal atmete sie tief durch und eine – wie sie fand – doch sehr vernünftige Erkenntnis durchflutete ihren Kopf wie eine große Welle: Michael Hafner war verlobt, während sie ganz bestimmt nicht der Typ Frau war, der einer anderen den Mann ausspannte. Im Großen und Ganzen konnte sie wirklich froh darüber sein, in dem feschen Landwirt einen sehr netten Arbeitgeber gefunden zu haben, mit dem sie sich jetzt schon verbunden fühlte. Freundschaftlich wohlgemerkt. Punkt. Also konnte sie ihre wirklich völlig kindische Begeisterung von vorhin *ad acta* legen. Na, ging doch! Äußerst beruhigt über ihre endlich vernünftige Gefühlsanwandlung, presste sie die Lippen aufeinander, nickte leicht, wie zu ihrer eigenen Bestätigung. Ja, so fühlte sie sich sofort viel klarer im Kopf.

»Sophie«, sprach Michael Hafner sie nun an.

Oh, hoffentlich hatte er jetzt nicht die ganze Zeit ihre bestimmt äußerst seltsam anmutende Mimik beobachtet. Und wenn, würde sie ihm etwas von Übungen zur Kräftigung der Gesichtsmuskulatur erklären müssen.

»Was halten Sie davon, wenn wir gleich Du zueinander sagen?«

Erleichtert über das gänzlich andere Thema lachte sie auf. »Aber gerne! Ich bin die Sophie!«

»Und ich der Michael!«

Sie schüttelten sich die Hände, und für einen Moment, wirklich nur für einen Sekundenbruchteil kribbelte es in Sophies Bauch, bloß ganz winzige Blubberbläschen. So, und schon war es wieder vorbei. Jetzt konnte sie auch in Michaels schöne Augen schauen, ohne dass ihre Knie weich wurden.

»Ich freue mich wirklich, dass du bei uns bist«, sagte er.

»Ich mich auch«, antwortete Sophie wahrheitsgemäß.

Langsam dämmerte es ihr, dass sie es tatsächlich geschafft hatte, Sven zu entkommen. Etwas, was sie davor nie für möglich gehalten hätte. Geradezu wie ein mittleres Wunder erschien ihr diese Fügung des Schicksals, und der Stein, der vor lauter Erleichterung von ihrem Herz fiel, kam ihr eher wie ein gigantischer Felsbrocken vor. Sie war in Sicherheit und endlich frei.

»Komm, wir zeigen dir dein Zimmer!«, riss Franz sie aus ihren Überlegungen und nahm ihre eine Hand, während Klara nach der anderen fasste.

»Ja«, sagte Sophie und drückte die kleinen warmen Kinderhände. »Ich kann es kaum erwarten.«

Richtig heimelig wirkte das ganze helle Holz, das den Innenbereich des großen Bauernhauses dominierte. Ein lichtdurchfluteter Flur, von dem eine große Holztreppe ins obere Stockwerk führte. Nur einen kurzen Blick konnte Sophie durch eine große geöffnete Tür auf die helle Landhausküche erhaschen, ehe sie von Franz und Klara die Treppe hinaufgezogen wurde.

»Zuerst dein Zimmer. Dann zeigen wir dir das übrige Haus!«, erklärte Franz.

»Okay«, erwiderte Sophie und machte einen kleinen Hopser über eine Lego-Burg, die in der Mitte des oberen Flurs aufgebaut war.

»Franzl! Der Papa hat doch gesagt, wir sollen alles ordentlich wegräumen!«, rief Klara mit hochgezogenen Augenbrauen.

Ihr Bruder brach in lautes Gelächter aus. »Jetzt schaust aus wie das strenge Fräulein Rottenmeier von der Heidi!«

Sophie musste ebenfalls schmunzeln, denn so Unrecht hatte der Franz mit seinem Vergleich tatsächlich nicht. Obwohl die Kleine natürlich viel, viel niedlicher aussah. Doch als Sophie bemerkte, wie Klaras Unterlippe auf einmal zu zittern anfing, schloss sie das Mädchen schnell in ihre Arme. »Der Franzl hat doch nur einen Spaß gemacht«, flüsterte sie ihm ins Ohr.

»Ich will aber nicht so streng sein, sonst bin ich ja wie die Katrin«, sagte Klara leise.

Sophie zuckte leicht zusammen. Eine allzu gute Meinung hatten die Kinder von der Verlobten ihres Vaters offensichtlich nicht, und instinktiv keimte in Sophie der Drang, die Kleinen vor diesem offensichtlich nicht eben angenehmen »Fräulein Rottenmeier« zu beschützen. Andererseits übertrieben Kinder einfach gerne, und Sophie konnte sich gut vorstellen, dass Katrin es auch nicht einfach hatte, sich gegen den Schatten der verstorbenen Mutter, die wohl alle als Heilige ansahen, zu behaupten. »Ach, die Katrin ist bestimmt sehr lieb«, sagte Sophie deshalb mit Nachdruck. »Ich freue mich schon sehr darauf, wenn ich sie kennenlerne!«

Franz räusperte sich einige Male übertrieben. »Na dann viel Spaß dabei!«

Durch das gekippte Flurfenster hörte man ein Motorengeräusch, offenbar war ein weiteres Auto am Hof angekommen und – den quietschenden Reifen nach zu schließen – mit Vollbremsung eingeparkt worden. Unwillkürlich runzelte Sophie die Stirn. Ein Bauernhof, auf dem Kinder und ein Hund herumliefen, war ihrer Meinung nach nicht der richtige Platz, um so schnell zu fahren. Aber bitte, keine Vorurteile! Bestimmt war die Katrin eine total sympathische Frau, ohne Wenn und Aber.

»Komm, bevor du die Katrin begrüßt, schaust dir aber noch dein Zimmer an!«, rief Klara und öffnete eine Tür rechts neben der Treppe.

»Oh, entzückend«, murmelte Sophie und betrat mit weit aufgerissenen Augen den großen Raum. Ein breites Bett, ein Nachtschrank und ein Tisch, alles aus hellem Ahornholz gefertigt. Auf Letzterem stand ein weißer Krug mit einem bunten Strauß: Weiße Margeriten, rosa Ranunkeln und violette Glockenblumen gesellten sich mit verschiedenen Gräsern und Getreideähren zu einem wunderhübschen Blumengebinde. Was für ein netter Willkommensgruß!

Gleich daneben stand eine kleine, sehr gemütlich wirkende, türkisfarbene Couch mit elfenbeinfarbenen Kissen drauf. »Komm, ruh dich auf mir aus!«, schien sie Sophie fast zuzurufen.

Erst jetzt merkte diese, dass sie sich ziemlich k. o. fühlte von der Zugfahrt und den vielen neuen Eindrücken, die sie geradezu durchwirbelten. Aber schlafen würde sie erst später. Jetzt blinzelte sie einige Male, um wieder wach zu werden, ließ nochmals ihren Blick über das im modernen Landhausstil eingerichtete Zimmer schweifen. Sehr hübsch, jetzt fiel ihr auch der alte, bunt bemalte Bauernschrank in der einen Ecke auf, der einen urigen Kontrast zur restlichen Einrichtung bot.

»Schau einmal!«, sagte Klara eifrig und zupfte an der türkisblauen Tagesdecke auf dem Bett. »Die passt genau zum Sofa!«

»Ja, das habt ihr echt gut gemacht!«, sagte Sophie. »Hier werde ich mich so richtig wohlfühlen.«

Sie zwinkerte den Kindern zu, dann machte sie ein paar Schritte zum Tisch hin, beugte sich über die Blumen. »Mmh, die riechen aber gut.«

»Die haben wir selbst gepflückt«, sagte Franz stolz. Und fügte noch hinzu: »Die meisten natürlich ich.«

Klara warf ihm einen kurzen vorwurfsvollen Blick zu, hatte aber dann offensichtlich Wichtigeres zu tun, als ihren Bruder auszuschimpfen.

»Schau einmal, du hast auch einen Balkon«, sagte sie engagiert, so als ob sie eine Ferienwohnung vermieten wollte.

Sophie grinste breit. Kaum zu glauben, dass die Kleine erst fünf war. Gut, in ein paar Wochen würde sie ihren fünften Geburtstag feiern, wie sie bereits während der Autofahrt einige Male erzählt hatte. Und auf der Geburtstagsparty sollten sich ihre Freundinnen und sie als Piratenprinzessinnen verkleiden.

»Gute Idee«, hatte Sophie ihr beigepflichtet. »Da weiß ich schon, was wir für eine schöne Schatzsuche veranstalten können.«

Klaras Augen hatten danach gestrahlt wie Lichtpunkte, worauf auch ihr Papa total glücklich dreingeschaut hatte. Worauf Sophie ihren Blick schnell zu ihren Schuhspitzen senkte, damit Michael Hafner nicht merkte, wie ihre Wangen mit einem Mal glühten.

Jetzt trat sie mit den Kindern auf ihren Teil des riesigen Balkons, von dem aus man seitlich auf eine Alm mit Kühen sehen konnte, vorne raus blickte man über Ellmau. Und wenn man über die Brüstung mit den roten Geranienkästen nach unten sah, schaute man direkt auf den Platz vorm Haus.

Unwillkürlich schrak Sophie zurück. Unten stand Michael Hafner einer schlanken, dunkelhaarigen Frau gegenüber. Sie trug, soweit Sophie es von oben erkennen konnte, weiße Jeans, ein rotes Oberteil und – die Münchnerin musste einige Male blinzeln, denn irgendwie wirkte dieses Outfit auf dem Kiesboden fast ulkig – hochhackige Sandalen, die den Blick auf rot lackierte Zehennägel freigaben. Alles klar, Michaels Verlobte war kein zünftiges Bauernmädel, wirkte vielmehr äußerst mondän. Fast so, als ob ein Filmstar auf dem Land Urlaub machte.

Ein wenig betreten blickte Sophie an ihrer eigenen Kleidung herab: Dunkle Jeans, ein einfaches T-Shirt mit einer Strickjacke, und ihre Füße steckten in bequemen Sportschuhen. Egal, sie wollte schließlich mit der dunkelhaarigen Schönheit nicht in Konkurrenz treten, denn … »Michael Hafner ist für dich tabu!«, meldete sich wieder ihr lästiges Moralstimmchen zu Wort. Klar doch, sie hatte ja keinerlei Absichten. Verständlicherweise war sie nach der schrecklichen Erfahrung mit Sven ohnehin kilometerweit davon entfernt, sich erneut mit einem Mann einzulassen. Das hatte sie letztens vor Lisa nicht nur so dahin gesagt.

Sie warf noch einen kurzen Blick nach unten, aber Michael und Katrin waren jetzt nicht mehr zu sehen und offenbar schon ins Haus gegangen. Plötzlich wurde Sophie ein wenig mulmig, fast so, als ob sich ihr Magen verknotet hätte.

»Hoffentlich verstehen wir uns gut, die Katrin und ich«, schoss es ihr durch den Kopf. Denn natürlich war ihr klar, dass sie mit der ganzen Familie auskommen musste, wenn sie längere Zeit hier auf dem Hafner-Hof bleiben wollte. Sie schluckte kurz. Nein, auch wenn die Kinder ihre zukünftige Stiefmutter nicht sonderlich mochten, würde sie sich davon nicht beeinflussen lassen. Im Gegenteil, sie würde Katrin einen großen Sympathievorschuss entgegenbringen und vielleicht – ja, warum eigentlich nicht – konnte sie sogar eine Art Brücke zwischen Katrin und den Kindern bilden. Erleichtert fühlte sie, wie sich der Knoten in ihrem Magen löste. Sie atmete noch einige Male tief durch. Hach, einfach wunderbar, wie die reine Bergluft durch ihre Lungen strömte. Dann ließ sie sich von Klara zurück in den Raum ziehen.

»Ja klar, jetzt schaue ich mir dein Zimmer an«, sagte sie. Und als Franz entrüstet aufbrummte, fügte sie rasch hinzu: »Und natürlich auch deines!«

Ganz leicht fühlte sie sich auf einmal. Die Kinder waren so lieb, ihr Arbeitgeber total sympathisch. Und ein wenig hoffte sie sogar, dass sie auch in Katrin eine Art Freundin finden würde. Ja, auch wenn sich hier alle redlich bemühten, sie herzlich willkommen zu heißen, vermisste sie Lisa jetzt schon und den Kaffeetratsch mit ihr, bei dem man wirklich über alles reden konnte. Und wenn Sophie daran dachte, wie Lisa ihr ohne Wenn und Aber geholfen hatte, schnell aus

München abzureisen, wurde ihr ganz warm ums Herz. Später, wenn sie ein bisschen Zeit für sich hätte, würde sie sie anrufen und ihr von ihrem neuen Leben berichten.

Lächelnd steckte sie sich eine dunkle Strähne hinters Ohr, als sie von Klara in deren Kinderzimmer – ein Prinzessinnentraum in Rosa – geschubst wurde. Mit »Ah«- und »Oh«- Rufen bewunderte sie gebührend die pinkfarbenen Schleiergardinen vor den Fenstern und am Himmelbett und ganz besonders das Märchenschloss, das wohl ein äußerst fleißiger Papa aus kleinen zartroséfarbenen Steinchen aufgebaut hatte. Dann huschte sie noch rasch in das Zimmer von Franz und tauchte dort in eine Unterwasserwelt mit Seesternen, Walen und Haien an den hellblauen Wänden ein.

»Ich zeig dir meine Rennbahn!«, rief der Bub begeistert aus, zerrte dabei schon die Kiste mit den Autos aus dem Holzregal.

Sophie strich ihm über die dunklen Locken. »Später, Franz, jetzt möchte ich mich endlich bei der Katrin vorstellen. Das wäre doch sonst total unhöflich.«

Beide Kinder verdrehten gleichzeitig die Augen, so als ob sie es untereinander abgesprochen hätten, machten aber zumindest die Tür frei. Und als Sophie »Kommt, ihr zwei Mäuse!« rief, sprangen sie gar nicht missmutig, sondern, ihrem Lachen nach zu urteilen, sogar sehr fröhlich vor ihr die Treppe hinunter. Also, es ging doch. Dann war diese Katrin doch nicht so schlimm. Nur die normale Eifersucht, wenn sich der Papa nach dem Tod der Mama wieder verliebte.

Leise seufzte sie auf. Die Situation verlangte allen viel ab. Aus dem Kindergarten kannte sie genug Beispiele, wo sich Kinder nach einer Trennung der Eltern wie verrückt gegen neue Partner wehrten. Wie schwer war es dann erst, wenn die geliebte Mama schon im Himmel weilte. Wie um sich selbst aufzumuntern, klatschte Sophie leicht in die Hände. Ab sofort würde sie sich voll den Kindern widmen. Sie sah sich zwar bestimmt nicht als »Mary Poppins«, das Kindermädchen mit Zauberkräften aus dem Walt-Disney-Film, aber vielleicht konnte sie es auch ohne Magie schaffen, diese Familie ein Stück glücklicher zu machen. Menschenskind, war sie kitschig drauf! Wenn sie nicht aufpasste, würde sie noch singend und tanzend zu Katrin und Michael ins Zimmer hüpfen. Unwillkürlich hoben sich ihre Mundwinkel, und sie musste sich zurückhalten, um nicht laut aufzulachen. Aber egal, lieber hatte sie kindisch gute Laune, als Trübsal zu blasen. Wenn sie jetzt so nachdachte, fiel ihr auf, dass sie bereits seit Stunden nicht mehr richtig an Sven gedacht hatte. Eindeutig ein gutes Zeichen!

Als sie aus der Wohnküche Stimmen hörte, nahm sie Franz und Klara an die Hand und zwinkerte ihnen zu.

»Kommt, jetzt bin ich schon sehr gespannt auf eure Katrin!« Dass die zwei Kinder laut aufstöhnten, ignorierte sie einfach.

Zu diesem Zeitpunkt sah Lisa in München gerade mit angehaltenem Atem zu, wie Tim Grünberg, der Autor der »Knuddel«-Geschichten, ihre Igelzeichnungen begutachtete. Nur schwer konnte sie die ernsten Gesichtszüge des dunkelblonden Hünen deuten, der viel eher wie ein Bodyguard oder Türsteher als ein Kinderbuchautor wirkte. Auf jeden Fall war ihr der Mann auf Anhieb sympathisch gewesen. Und wenn sie ihn jetzt so vor sich sah, musste sie zugeben, dass er ihr auch noch außerordentlich gut gefiel. Sie war ja schon groß, aber er überragte sie noch um einen halben Kopf. Und erst diese samtbraunen Augen, der fein gezeichnete Mund.

»Darf ich mir die Entwürfe schon mal anschauen?«, hatte er vorhin am Telefon höflich gefragt. »Ich wohne nicht weit entfernt von Ihnen und bin schon total neugierig, was aus Knuddel geworden ist.«

»Aber klar doch!«, war ihre spontane Antwort gewesen, die sie gleich darauf bereut hatte. Denn nun starb sie innerlich tausend Tode, während Tim die Zeichnungen durchblätterte. Die zeigten Knuddel mehr oder weniger proper, mal mit Löckchen auf dem Igelkopf, dann wieder mit glattem Haar. Allen gemeinsam waren jedoch die Stupsnase mit schwarzem Knöpfchen vorn drauf und das verschmitzte Grinsen. Irgendwann konnte sich Lisa nicht mehr zurückhalten, sie blies scharf den Atem aus, dann nahm sie all ihren Mut zusammen.

»Und?«, setzte sie an.

Doch bevor Tim antworten konnte, klingelte es an der Wohnungstür. Sie zuckte mit den Schultern, warf ihm gleichzeitig einen entschuldigenden Blick zu, dann lief sie in den Flur. Mit einem seltsamen Gefühl im Magen, das sofort Entsetzen wich, als sie durch den Türspion schaute. Sven Hohlbaum stand draußen, adrett mit Hemd und Cordsamtsakko bekleidet und mit einem dermaßen harmlosen Gesichtsausdruck, als ob er eigenhändig jedes auf den Boden gefallene Vogeljunge wieder zurück ins sichere Nest legen würde. Doch wenn man genauer hinsah, bemerkte man seinen starren Blick, der seine Schauspielerei Lügen strafte.

»Gemeiner Psychopath«, dachte sie, dann straffte sie ihren Rücken. Instinktiv hatte sie beschlossen, ebenfalls ihre Schauspielkünste unter Beweis zu stellen. Wenn sie so tat, als ob sie nicht allzu viel von seinen Gemeinheiten wusste, konnte sie sich vielleicht vor seinen unberechenbaren Attacken schützen.

»Hallo Sven, gut, dass du hier bist«, sagte sie, nachdem sie die Tür geöffnet hatte und bemühte sich um einen Blick, der gleichzeitig arglos wirken und Sorge ausdrücken sollte. Zufrieden registrierte sie, wie der Mann sich entspannte.

»Lisa«, sagte er in zerknirschtem Ton. »Ich wollte dich fragen, ob du etwas von Sophie weißt. Seit Tagen versuche ich, sie zu erreichen. Ich muss mich doch bei ihr entschuldigen.«

Ungläubig sah sie, wie in seinen Augen jetzt tatsächlich Tränen glitzerten. So also hatte er es geschafft, bei der Polizei einen recht harmlosen Eindruck zu hinterlassen. Aber bitte, er war hier nicht der Einzige, der sich verstellen konnte.

Mit einem abgrundtiefen Seufzer beugte sie sich zu ihm vor, vermittelte ihm so hoffentlich das Gefühl, als ob sie beide im selben Boot sitzen würden. »Ich habe gehofft, du weißt etwas von ihr. Ich habe sie schon seit Tagen nicht mehr gesehen.«

»Oh nein, leider nicht.« Bekümmert verzog er den Mund. »Jetzt mache ich mir aber langsam Sorgen.«

»Hattet ihr vielleicht einen Streit?«, fragte Lisa möglichst unbekümmert.

Abwehrend hob er die Hände in die Höhe. »Nein, ich hatte schon ewig keinen Kontakt mehr zu ihr, aber in der Zeit direkt nach der Trennung habe ich mich nicht korrekt benommen und das tut mir schrecklich leid.«

Ja, ja, erzähl das nur jemand anderem! Lisa konnte es nicht fassen, wie verlogen dieser Mensch war! Kurz spiegelte sich ihre Abscheu wohl auf ihrem Gesicht wider, denn Sven warf ihr auf einmal einen scharfen Blick zu.

»Kann ich reinkommen?«, presste er hervor, machte bereits einen Schritt auf sie zu.

»Nein, das geht nicht«, widersetzte sich Lisa, dabei erstarrte sie innerlich. Jetzt verstand sie umso besser, warum Sophie eine solche Panik vor diesem Mann hatte. Allein sein Blick machte ihr Angst, umso mehr, als Sven ihr »Nein« offensichtlich ignorierte, sein Körper sich nur mehr wenige Zentimeter von ihrem entfernt befand.

In Ellmau betrat Sophie mit eiligen Schritten die Küche, in der sie sofort Michael entdeckte. Verwundert schaute sie sich nach Katrin um, die schließlich mit einem Becher Sahne in der Hand hinter der Kühlschranktür auftauchte. Mann oh Mann, diese Frau sah wirklich toll aus! Die langen dunkelbraunen Locken glänzten auch hier drinnen wie Seide, umspielten das schmale, perfekt zurechtgemachte Gesicht. Große, dunkel geschminkte Rehaugen: offenbar *Smokey Eyes* – gaben ihr das gewisse Etwas. Dafür war der Rest dezent gehalten, einschließlich der nur mit Gloss betonten, natürlich makellosen Lippen. Ehrlich empfunden wirkte die Frau wie direkt einem Modemagazin entsprungen, was auch an der schicken Kleidung lag, der man auf den ersten Blick ansah, wie teuer sie war. Nur Katrins Füße steckten jetzt nicht mehr in den hochhackigen Schuhen von vorhin, sondern in nicht minder schicken weißen Ballerinas mit funkelnden Strasssteinchen an der Spitze. Unwillkürlich musste Sophie daran denken, dass sie selbst außer dem bisschen Wimperntusche ungeschminkt war, außerdem bestimmt so blass, dass sie vor der weißen Zimmerwand praktisch verschwand. Und ihre Kleidung war nicht allzu hochwertig. »Ist doch völlig egal«, ermahnte sie sich gleich darauf selbst in Gedanken. Sie nahm hier schließlich nicht an einer Schönheitskonkurrenz teil, sondern war als Kindermädchen engagiert und wollte sich mit allen gut verstehen, einschließlich der zukünftigen Frau ihres Arbeitgebers. Ein winziger Stich durchzuckte ihre Brust, doch den ignorierte sie. Stattdessen streckte sie Katrin mit einem breiten Lächeln die rechte Hand entgegen.

»Hallo, ich bin die Sophie aus München. Schön, dass wir uns kennenlernen!«

Die andere streckte ihr ebenfalls die Hand hin, wobei die kleinen Anhänger an ihrem Armband nur so klimperten. Sicher das Verlobungsgeschenk von Michael, mutmaßte Sophie.

»Katrin … ja, ich freue mich auch sehr. Ist ja wunderbar, wenn die lieben Kleinen jemanden zum Spielen bekommen.« Offenbar zutiefst bekümmert schüttelte sie den Kopf. »Der Michael und ich arbeiten leider so viel.« Im nächsten

Moment hatte sie ihre Wehmut augenscheinlich überwunden, zeigte hingegen schwungvoll auf eine Tüte auf dem Küchentisch, auf der groß *Konditorei Gruber* aufgedruckt war. »Und zur Feier des Tages habe ich einen schönen Kirschkuchen aus einer feinen Kitzbüheler Konditorei mitgebracht, den essen die Kinder so gerne.«

»Ich mag aber lieber Erdbeertorte«, sagte Klara mit dünnem Stimmchen, die an ihren Bruder gedrückt noch in der Türöffnung stand.

Katrin ignorierte den Einwand. Dafür schenkte sie Sophie ein breites Lächeln, das zwar ungewöhnlich weiße Zähne zeigte, jedoch aus irgendeinem Grund nicht bis zu den Augen reichte.

4

Lisa atmete scharf aus, versuchte dabei die Panik, die immer größeren Besitz von ihr ergriff, zu verdrängen. Sven war bloß ein Idiot, von dem sie sich ganz bestimmt nicht einschüchtern lassen würde. Doch was kam als Nächstes? Würde der Mann, dessen zusammengekniffene Augen nur mehr Zentimeter von ihren eigenen entfernt waren, handgreiflich werden? Sie wollte sich gar nicht vorstellen, was passierte, wenn er es erst in ihre Wohnung geschafft hätte.

»Alles in Ordnung hier?«

Tim Bergmann! Was für ein Glück! Den Autor hatte sie in ihrem Schrecken völlig vergessen. Doch jetzt, als sie seine Stimme hinter sich hörte, wäre sie ihm vor lauter Dankbarkeit am liebsten um den Hals gefallen. Wie selbstverständlich legte er seine muskulösen Arme um ihre Schulter, was sich nebenbei bemerkt, auch noch wahnsinnig gut anfühlte.

Nur Sven wirkte über Tims unverhofften Auftritt alles andere als erfreut. Eilig machte er einen Schritt zurück, nestelte mit zittrigen Fingern an seinem Hemdkragen rum. »Alles bestens«, murmelte er. »Hättest ja sagen können, wenn du jetzt keine Zeit hast.«

Lisa funkelte ihn zornig an. »Ich sagte dir doch, dass es jetzt nicht geht. Hast du das eigentlich nicht kapiert?« Dankbar spürte sie, wie Tim Bergmann sich nach vorne schob. »Ist wohl besser, du tauchst hier nicht mehr auf, sonst …« Anstatt den Satz zu Ende zu sprechen, warf er Sven, der einige Zentimeter kleiner war als er, einen vernichtenden Blick zu.

Der hob abwehrend die Hände, hatte außerdem tatsächlich die Frechheit, beleidigt dreinzuschauen. »Also wirklich! Geht man so mit alten Bekannten um?« Er warf Lisa einen giftigen Blick zu. »Dir ist es wohl total egal, dass Sophie verschwunden ist. Mir aber nicht!« Wichtigtuerisch schlug er sich mit der Faust auf die Brust. »Dann werde ich eben zur Polizei gehen müssen, um eine Vermisstenanzeige aufzugeben.«

Tim, über Svens Worte offensichtlich ziemlich irritiert, warf Lisa einen fragenden Blick zu. Nun konnte sie sich nicht mehr zurückhalten. Gut, ihre Taktik war gründlich danebengegangen: Sven nicht als das Scheusal zu behandeln, das er tatsächlich war, um von ihm nicht als Feindin angesehen zu werden. »Da bist du wohl auch etwas zu naiv gewesen«, schoss es ihr durch den Kopf. Na, und wenn schon? Es war zumindest einen Versuch wert gewesen. Aber wenn er es anders wollte, bitte sehr:

»Da bin ich ja gespannt, was du der Polizei erzählst!«, schrie sie los, merkte dabei selbst, wie sich ihre Stimme überschlug. »Eine Vermisstensuche nach jemandem, dem du dich nicht mal mehr nähern darfst?« Erschrocken über ihr eigenes Geschrei senkte sie die Stimme, sagte jedoch nicht weniger eindringlich: »Ich möchte dich hier nie wieder sehen. Wenn du dieses Haus noch einmal betrittst, rufe *ich* nämlich sofort die Polizei!«

Empört schnappte Sven nach Luft, setzte offenkundig an, etwas zu antworten, doch Tim, der nun mit dem Finger auf ihn zeigte, kam ihm zuvor. »Und du kannst dir sicher sein, bevor die Polizei da ist, bin ich hier oder einer meiner guten Freunde, mit denen so ganz und gar nicht zu spaßen ist.« Mit einer Mischung aus Faszination und Entsetzen riss Lisa die Augen auf. Wie bitte? Mit wem war denn dieser so sympathisch scheinende Tim Bergmann, der Geschichten über vorwitzige Igelkinder schrieb, befreundet? Fast kam sich Lisa wie in einem Krimi vor. Zumindest schien Sven genügend beeindruckt, wich ein Stück zurück, brummte etwas Unverständliches. Dann machte er auf dem Absatz kehrt und polterte die Treppe hinunter.

Tim lächelte Lisa aufmunternd zu. »Den sollten wir erst mal los sein.«

»Ja, hoffentlich«, entgegnete sie mit gequälter Stimme, bevor sie die Wohnungstür hinter sich schloss. Sie drehte sich zu Tim um. »Und dir vielen, vielen Dank!«

»Keine Ursache, ich möchte doch nicht, dass meine wunderhübsche Illustratorin Angst haben muss.« Freundschaftlich drückte er Lisa den Arm.

Ups, sofort durchrieselte sie ein heißer Schauer. Hatte dieser Traummann gerade »wunderhübsch« zu ihr gesagt? Und von ihr aus konnte seine Hand ruhig noch länger auf ihrem Unterarm liegen. Blieb nur noch seine Verbindung zum kriminellen Milieu, die sie doch, nun ja, ein wenig irritierte.

Tim konnte offenbar Gedanken lesen, denn mit einem Augenzwinkern erklärte er: »Keine Sorge, meine Verbindungen zur Mafia beschränken sich auf Fernsehkrimis und Taschenbücher. Das würden meine Igelkinder sonst gar nicht gut finden, aber solchen Typen muss man einfach mit schwereren Geschützen kommen.«

Lisa lachte laut auf. »Und ich dachte schon, Knuddel rennt manchmal mit einem Maschinengewehr im Geigenkasten rum.«

Ihre Blicke trafen sich. Wahnsinn, diese schönen braunen Augen, da musste man einfach schwach werden. Wie winzige Vogelflügel fingen Lisas Augenlider auf einmal an zu flattern, dabei hatte sie doch von Anfang an einen professionellen Eindruck machen wollen. »Toll gelungen«, fuhr es ihr durch den Kopf. Allein die

Sache mit dem schrecklichen Sven hatte ihr einen gewaltigen Strich durch die Rechnung gemacht. Und ob Tim ihre Zeichnungen überhaupt gefielen – keine Ahnung. »Vielleicht findet er sie ja grottenschlecht«, musste sie denken, während sich ihr Magen schmerzlich zusammenzog.

»Du«, sagte er jetzt.

»Ja?« Ihr Herz blieb vor Aufregung fast stehen, denn Tim war einen Schritt näher an sie herangetreten. So unheimlich sie das eben bei Sven empfunden hatte, so erregend fühlte sich das nun bei Tim an. »Was war das eigentlich eben für ein Typ?«

Oh! Augenblicklich purzelte Lisa von ihrer rosaroten Wolke. Klar, das musste sie selbstverständlich erklären. »Die Kurzversion: Der durchgeknallte Exfreund meiner Nachbarin und lieben Freundin, der sie leider nicht in Ruhe lässt.«

Mit angewidertem Gesichtsausdruck, der deutlich machte, was er von solchen Menschen hielt, schüttelte Tim den Kopf. »Deswegen ist die Arme also untergetaucht?«

»Exakt!«

Wieder blieben ihre Blicke aufeinander haften. Und langsam, aber sicher war es Lisa völlig egal, ob Tim ihre Zeichnungen mochte oder nicht. Wenn er bloß sie selbst ein wenig mehr mochte.

»Darf ich dich noch etwas fragen?«, kam es da leise von ihm.

»Ja, klar.«

»Würde die so hübsche und begabte Zeichnerin auch mal mit mir essen gehen?«

Eine heiße Welle durchflutete ihren Körper, dennoch rang sie um einen letzten Rest Würde. »Heißt das, die Knuddelbilder gefallen dir?«, fragte sie bemüht geziert.

»Sie sind großartig«, sagte Tim, dann hob er fast entschuldigend die Hände in die Höhe. »Und wenn du nicht mehr von mir willst, ist das natürlich auch okay, denn ...«

Weiter kam er nicht, denn Lisa, die sich damit selbst überraschte, schlang auf einmal ihre Arme um ihn. Was war denn in sie gefahren? Nicht mal Alkohol konnte sie als Entschuldigung anführen, wo sie doch heute bloß Kamillentee intus hatte.

»He, ich würde sehr gerne mit dir essen gehen«, flüsterte sie, während Tim sie noch ein bisschen enger an sich drückte.

In Ellmau war Katrin eben dabei, das zweite Stück Kirschkuchen auf Sophies Teller zu hieven, die eigentlich bereits nach dem ersten Stück völlig satt war. Die Aufregungen der letzten Zeit waren ihr längst auf den Magen geschlagen, was dazu führte, dass die ohnehin schlanke Frau im Moment noch weniger auf den Rippen hatte.

Und die ehemals hautengen Jeans am Hintern und an den Oberschenkeln ganz schön schlotterten.

»Komm, du verträgst noch ein Stück!«, sagte Katrin mit einem breiten Lächeln. »So dünn, wie du bist.«

Nanu, das klang ja fast vorwurfsvoll. Was Sophie angesichts der Supermodelfigur von Katrin – gegen die Kitzbühelerin stand sie selbst durchaus noch gut im Futter – doch ein wenig überraschte. Verwundert zog sie eine Augenbraue in die Höhe, musterte einige Sekunden lang die andere, die ihr vorhin sofort das Du angeboten hatte.

»Ich bin 29, also ein Jahr älter als du«, hatte Katrin in strengem Ton erklärt, dabei aber recht freundlich gegrinst. »Also kann ich es zuerst vorschlagen. Außerdem duzen sich bei uns in Tirol sowieso die meisten Leute.«

»Sehr gern«, hatte Sophie aus vollem Herzen geseufzt.

So wie es aussah, würde sie auch mit der zukünftigen Hausherrin des Hafner-Hofes gut auskommen, die es in ihrer Rolle als Gastgeberin jetzt leider ein bisschen zu gut meinte. Schüchtern legte Sophie die Hand als Stopp-Zeichen über ihren Teller. »Danke, ich kann wirklich nicht mehr.« Zu spät! Das wuchtige Kirschkuchenstück hatte bereits eine Volllandung auf ihrem Teller hingelegt.

»Das war doch vorhin hauchdünn, das Stückerl!«, sagte Katrin, schüttelte mit zusammengepressten Lippen den Kopf, so als ob sie mit einem widerborstigen Kind sprechen würde.

Ob ihr schon mal jemand gesagt hatte, dass sie mit diesem Gesichtsausdruck nicht mehr ganz so attraktiv aussah, schoss es Sophie durch den Kopf. »Sei nicht so gemein!«, schalt sie sich gleich darauf in Gedanken. Keiner konnte allzeit hübsch aussehen. Sie selbst an diesem Tag schon gar nicht, wie sie so abgekämpft dasaß, mit dunklen Ringen unter den Augen, die Frisur verwuselt.

»Du hast total weiche Haare«, sagte ausgerechnet jetzt die kleine Klara neben ihr, ließ dabei mit ehrfürchtigem Gesichtsausdruck die langen dunklen Strähnen durch ihre Finger laufen.

»Wie eine Prinzessin.«

»Aber geh!«, wehrte Sophie verlegen ab. »Eher wie der ›Struwwelpeter‹!«

»Gar nicht!«, sagte Klara bestimmt, sah ihr dabei fest in die Augen.

»Du bist mindestens so schön wie eine Prinzessin!« Sophie verzog gespielt belustigt den Mund, um dieses Kompliment irgendwie zu relativieren. Bei ihren neuen Arbeitgebern wollte sie bestimmt nicht eingebildet rüberkommen. Oh, irrte sie sich oder hatte sie eben aus dem Augenwinkel gesehen, wie Katrin sie wütend anstarrte? Nein, das hatte sie sich wohl nur eingebildet, denn als sie den Kopf zu ihr wandte, lachte die Tirolerin wieder.

»So, jetzt aber guten Appetit!«, sagte sie und zeigte dabei auf das Kuchenstück, bei dem Sophie das Gefühl nicht loswurde, dass es auf ihrem Teller noch einmal gewachsen war. Ihr Mund schien völlig ausgetrocknet, da half es auch nicht viel, dass sie wie verrückt versuchte, Speichel zu sammeln. Keine Frage, wenn sie noch einen einzigen Bissen vom Kuchen nahm, würde er ihr sofort bei den Ohren rausstauben. Trotzdem griff sie tapfer nach der Kuchengabel. Sie wollte Katrin schließlich nicht gleich beim Kennenlernen vor den Kopf stoßen. Doch bevor die Gabel das Kuchenstück traf, wurde ihr Teller plötzlich weggezogen – von Franz, der ihr zuzwinkerte.

»Wenn du nicht mehr magst – ich würd mich opfern!«

»Franz!«, riefen sein Papa und Katrin wie aus einem Mund. Wobei allerdings der Ausruf von Michael eher belustigt als vorwurfsvoll klang, während Katrins Stimme vor Erregung ganz schrill geworden war.

Schnell sprang Sophie für den Buben in die Bresche: »Ehrlich gesagt bin ich dem Franz äußerst dankbar, wenn er mir das Stück abnimmt.« Mit einem tiefen Seufzer rieb sie sich den Bauch. »Denn so gut der Kuchen auch ist, ich bin so satt, dass ich eh gleich platzen könnte!«

Michael lachte auf. Wieder dieses volle, mitreißende Lachen. »Na, dann passt es ja vielleicht ganz gut, wenn wir den Rest vom Kaffee vorm Haus trinken. Dann hast mehr Platz zum Platzen!«

»Stimmt!«, gab Sophie ebenfalls lachend zurück, amüsiert über den Schalk in seinen Augen. »Und die schönen Küchenmöbel bleiben auch sauber!«

Einen Moment lang ruhten ihre Blicke aufeinander, ein anderer Ausdruck schien dem Vergnügen in Michaels Augen gewichen zu sein, was Sophie jedoch nur schwer deuten konnte. Egal, jetzt klatschte sowieso Katrin wie eine eifrige Lehrerin in die Hände, der sonderbar verzauberte Moment war vorüber. Eben hatte sie nicht mitgelacht, sich aber – so wirkte es zumindest – ein kleines Lächeln abgerungen. »So, Leute, jetzt geht's raus – sonst ist die schöne Sonne weg!«

»Ja, komm, Sissi!«, rief Franz, der noch schnell mit den letzten Kuchenstücken den Collie gefüttert hatte.

Sophie war es sofort aufgefallen, aber dann hatte Franz »Pst« gemacht, leicht genickt und mit zwei Fingern einen imaginären Reißverschluss auf ihren Lippen verschlossen. Ehrenwort, von ihr würde niemand etwas erfahren.

»So, jetzt erzählst du uns aber endlich mal was von dir!«

Sophie, die gerade mit geschlossenen Augen ihr Gesicht in die Sonne hielt, schaute Katrin, die ihr gegenüber an dem großen, ziemlich verwitterten Holztisch saß und ihr einen erwartungsvollen – oder vielleicht doch eher vorwurfsvollen – Blick zuwarf, verwundert an. Drinnen, in der Küche, hatte sie einige Male angesetzt, von München zu erzählen. Von ihrer Freude an der Arbeit im Kindergarten und auch von Lisa, die nicht nur eine hilfsbereite Nachbarin und tolle Kinderbuchillustratorin war, sondern auch eine richtige Herzensfreundin. Aber wirklich weit war sie dabei nicht gekommen, denn ausgerechnet Katrin hatte sie mitten im Satz immer wieder unterbrochen und von ihrem anstrengenden, aber natürlich auch äußerst aufregenden Leben als Kitzbüheler Boutiquenbesitzerin geschwafelt. »Und wenn erst im Winter das Hahnenkammrennen stattfindet, kann man sich gar nicht vorstellen, wie meine Boutique gestürmt wird. Manche Damen kaufen die Teile ja stapelweise!«

»Wie heißt deine Boutique denn eigentlich?«

»Capri.« Mit einem lässigen Schulterzucken hatte Katrin hinzugefügt: »Bringt auch gleich ein bisschen internationales Flair hier in die Provinz!«

»Und klingt auch ein bisschen nach Limonade!«, hatte Franz Sophie zugeraunt. Zum Glück so leise, dass nur sie es hören konnte. Sonst hätte der Bub vielleicht einen eisernen Blick von seiner zukünftigen Stiefmutter geerntet. Wieder mal.

Aber gut, jetzt saßen sie alle friedlich zusammen vor dem Haus, die kleine Klara hatte es sich auf Sophies Schoß bequem gemacht, während Katrin sich eng an Michael schmiegte, an dessen anderer Seite Franz saß. Anstelle sich dauernd das innige Liebespaar ansehen zu müssen, zog Sophie es vor, die Augen zu schließen.

»Ist mir ein Rätsel, wie man eine dermaßen aufregende Stadt wie München verlassen kann, um in ein so kleines Nest zu ziehen«, störte Katrin Sophies Ruhe wieder mit einer herausfordernden Bemerkung, der ein Kopfschütteln folgte.

»Ich hatte immer schon große Sehnsucht nach dem Landleben«, gab Sophie schnell zur Antwort. Okay, das war nicht ganz richtig, denn außer der Sache mit Sven hatte sie sich in ihrem alten Leben in München sehr wohlgefühlt. Aber wenn sie jetzt so dasaß und auf die Berge und ins Tal schaute, fühlte sie sich tatsächlich nicht verloren in der Ferne, sondern absolut gut aufgehoben. Zumindest für den Moment. »Und als mir Michaels Anzeige zufällig in die Hände gefallen ist, hat es bei mir sofort ›Klick‹ gemacht.«

»Und die Stadtmaus ist aufs Land gezogen«, sagte Katrin und zog eine Grimasse.

Sophie runzelte die Stirn. Hatte das jetzt spöttisch geklungen? Nein, jetzt lachte Katrin wieder ganz liebenswürdig, kuschelte sich dabei jedoch noch ein wenig enger an Michael ran, der dabei fast ein wenig überrumpelt wirkte. »Ja, ja, schüre nur deine Wunschgedanken!«, wies sich Sophie im Geiste schnell zurecht und erwiderte dann Michaels Lächeln, als er sich an sie wandte, hoffentlich halbwegs professionell.

»Wir freuen uns auf jeden Fall, dass du bei uns bist. Bei den Kindern war es eindeutig Liebe auf den ersten Blick.«

»Bei mir auch«, sagte Sophie wahrheitsgemäß. »Die beiden muss man einfach liebhaben.«

»Unbedingt!«, mischte sich Katrin wieder in das Gespräch ein. »Ich liebe die zwei Goldstücke ja auch heiß und innig, aber die Arbeit in der Boutique fordert eben auch meinen gesamten Einsatz.«

Michael sah sie kurz von der Seite an. »Aber die Irmgard hätte bestimmt nichts dagegen, ein paar Stunden mehr im Laden zu stehen.«

»Ich besitze eine Boutique und keinen Laden. Tja, und die Irmi …« Katrin machte eine Handbewegung, die auf Sophie nicht eben liebenswürdig wirkte. »Sie ist ja eine Nette«, erklärte die Boutiquenbesitzerin weiter. »Aber auch recht bodenständig. Na ja, auf jeden Fall nicht das, was sich meine eleganten Kundinnen unter einer kompetenten Beraterin vorstellen.« Mit einer grazilen Handbewegung strich sie sich über ihr Seidentop. »Man muss schon selbst etwas darstellen, wenn man ernst genommen werden möchte. Wie gesagt, es sind ja nicht nur irgendwelche 08/15-Bauersfrauen, die zu mir kommen.«

»Schon klar, es sind sehr elegante Kundinnen«, dachte Sophie und konnte sich jetzt ein Schmunzeln nur schwer verkneifen. Schon eine eigenartige Person, die Katrin. Zum Glück ergriff jetzt wieder Michael das Wort.

»Und was dich zu einem absoluten Glücksgriff für uns macht, ist ja auch, dass du dich in der Landwirtschaft gut auskennst.«

»Äh …« Sophie schluckte einige Male. Diesen Moment der Wahrheit hatte sie schon die ganze Zeit über gefürchtet. So wie der Teufel das Weihwasser vermutlich, jetzt konnte sie den alten Spruch so richtig gut nachvollziehen. Gleichzeitig erwachte ihr Kampfgeist. Sie war doch nicht völlig dumm! Also, warum sollte sie einfache Dinge in der Landwirtschaft nicht in Windeseile erlernen können? Michael würde ja hoffentlich nichts Hochtrabendes von ihr erwarten.

»Na ja, es ist natürlich schon eine ganze Weile her, dass ich auf einem Bauernhof gearbeitet habe«, schwächte sie die Erwartungen ihres Gegenübers trotzdem gleich mal ab.

Der lachte auf. »Na ja, so was verlernt man nicht! Bestimmt kannst du immer noch eine Kuh im Schlaf melken!«

In einem vergangenen Leben vielleicht, in dem sie als Bergbäuerin ihr Dasein gefristet hatte, nur in diesem bereitete es ihr schon Schwierigkeiten, ein weibliches von einem männlichen Rind zu unterscheiden. Mit einem mulmigen Gefühl im Bauch merkte sie, wie sich Schweißtropfen auf ihrer Oberlippe sammelten.

»Wenn die Sophie das Melken vergessen hat, zeige ich es ihr einfach«, sagte da Franz großmütig, während er sanft eine schwarze Katze unterm Kinn streichelte, die sich gerade neben ihm auf der Bank zusammengerollt hatte. Ihrem begeisterten Schnurren nach und so, wie sie ihr Köpfchen in die Höhe streckte, machte der Bub das genau richtig. »Ja, du bist eine Süße, meine Cleo, gelt?«, sagte er grinsend, bevor er ernsthafter hinzufügte: »Außerdem haben wir auch Melkmaschinen.«

»Die hatten meine Großeltern aber noch nicht«, sagte Sophie schnell. Und das war jetzt ausnahmsweise mal nicht geschwindelt. Denn in einer kleinen Arbeiterwohnung in München hätte eine Melkmaschine irgendwie doch sehr im Weg gestanden.

Michael zwinkerte ihr zu. »Kann ich dir alles zeigen, ist ja keine Hexerei.«

Erleichtert atmete Sophie aus. Keine Hexerei! Wie gut. Mit Einsatz und ein bisschen Glück müsste sie sich hier in die Arbeit einfinden, ohne dass irgendwer jemals herausfinden würde, dass sie Bauernhöfe vorher nur aus den Bilderbüchern ihrer Wichtelgruppe gekannt hatte. »Sehr gerne würde ich auch im Hofladen aushelfen«, sagte sie jetzt.

»Die Kinder sind doch am Vormittag im Kindergarten, da habe ich jede Menge Zeit.«

Auf das Verkaufen freute sie sich tatsächlich, denn mit Menschen arbeitete sie ja gern, die erschienen ihr auch um einiges harmloser als so riesige Kühe.

Na ja, meistens. Denn jetzt mischte sich wieder Katrin ein und sagte ein bisschen von oben herab: »So einfach ist das Verkaufen wiederum nicht, meine Liebe! Man muss schon das richtige Auftreten haben und dieses gewisse Etwas, das den Kunden dazu bringt, vielleicht noch ein bisschen mehr zu nehmen, als er eigentlich vorgehabt hat.« Vielleicht ein bisschen selbstgefällig strich sie sich durch ihre dunkle Wallemähne, der nicht mal der leichte Wind etwas anzuhaben schien.

»Ich denke, ich könnte mich da reinfinden«, murmelte Sophie eingeschüchtert und entsprechend froh darüber, dass Katrin nun offenbar das Thema wechseln wollte.

»Na ja, du siehst schon, hier ist jede Menge zu tun«, sagte die nämlich. »Und die Kinder sollen auf keinen Fall zu kurz kommen.« Sie atmete tief durch und erklärte in feierlichem Ton: »Deshalb wollen der Michael und ich ja auch noch in diesem Jahr heiraten, damit wir eine richtige

Familie werden, nicht wahr?« Sie wandte ihren Blick zu ihrem Verlobten, der nickte. Vermutlich nicht genauso begeistert, wie sie es sich vorgestellt hatte, denn ihr Lächeln wirkte nicht mehr ganz so strahlend.

»Ja, es wird für alle schön sein«, sagte er ein wenig hölzern, außerdem starrte er dabei unverwandt auf den Holztisch, als ob er genau dort den Stein der Weisen vermuten würde. »Die Kinder brauchen wieder eine Familie.«

»Wir sind auch mit dir allein zufrieden«, brummte Franz, wurde von seinem Vater jedoch überhört.

»Es wird uns allen gut tun, wenn wir mehr zusammenrücken. Der Franz kommt im Herbst in die Schule, da muss man ihm auch mehr beistehen.« Jetzt schaute er Katrin an. »Vielleicht kannst du ja dann die Arbeit im Laden ...«

»In der Boutique!«, warf die etwas säuerlich ein. Wieder überhörte Michael den Einwand und brachte seinen Satz zu Ende: »... etwas zurückschrauben.«

Katrin antwortete nicht direkt, lächelte jedoch breit. »Wir werden alles meistern«, sagte sie stattdessen und griff dann nach Michaels großer Hand. »Zusammen!«

Ups, das klang ja jetzt fast wie eine Drohung! Erschrocken war Sophie zusammengezuckt. Und obwohl sie vorhin noch geschwitzt hatte, fröstelte sie auf einmal. Irgendwas war ihr an

Katrin unheimlich. Ja, ja, die Eifersucht, gestand sie sich in der nächsten Sekunde ein, die schlug wohl immer wieder zu. Auch wenn sie es jetzt immer besser schaffte, Michael mit rein freundschaftlichen Augen zu sehen.

Oh, er und Katrin schauten sie ja immer noch an, irgendwie abwartend. Natürlich! Am liebsten hätte sich Sophie mit der Hand auf die Stirn geschlagen. »Dann gratuliere ich schon mal zur baldigen Hochzeit. Freut mich wirklich sehr!«, sagte sie und nickte beiden zu.

Die letzten Worte kamen zwar nicht ganz von Herzen, und überraschenderweise hatte das nicht nur damit zu tun, dass ihr der Besitzer des Hafner-Hofes gefiel. Nein, irgendwie konnte sie sich Katrin nicht so recht als liebende Stiefmutter für die beiden Kinder vorstellen. Kurz musste sie an die kleine Hanna aus München denken und an deren Lieblingsmärchen »Schneewittchen«. Wunderschön war die böse Stiefmutter in diesem Märchen auch, genau wie Katrin. »Blödsinn!«, redete sie sich selbst ins Gewissen. Was sie sich für einen Unfug zusammendichtete! Katrin hatte doch eben gesagt, wie sehr sie die Kinder mochte! Sonst wollte sie doch kaum in die Familie einheiraten, wenn klar war, dass sie Klara und Franz danach jeden Tag um sich haben würde. Und bestimmt klappte es, dass auch Katrin und sie sich richtig gut miteinander anfreundeten. Es war eben nicht immer Liebe auf den ersten Blick.

Später, es war bereits Abend geworden, lag Sophie auf ihrem Bett und streckte mit einem lauten Gähnen Arme und Beine weit von sich. Klara und Franz hatten nach dem Abendessen gebadet. Jetzt saßen sie in bunten Schlafanzügen mit ihrem Papa vor dem Fernseher und durften sich noch eine Kindersendung ansehen. Nun war endlich Zeit, sich bei Lisa zu melden, was sie der Freundin auch versprochen hatte. Nur zu dumm, dass sie zum Umfallen müde war und gar keine Lust auf ein Telefongespräch verspürte. Andererseits wollte sie Lisa, die so viel für sie getan hatte, auch nicht mit einer schnöden SMS abspeisen. Erneut streckte sie sich auf ihrem wirklich sehr bequemen Bett – die Matratze war genau richtig für sie, nicht zu hart und nicht zu weich –, genoss die frische Bergluft, die durch das gekippte Fenster hereinströmte. Dann fasste sie mit einem kleinen Seufzer nach ihrem Handy. Doch genau in dem Moment klopfte es an ihrer Tür. Eine Sekunde später steckte Katrin ihren Kopf herein. »Störe ich?«

»Nein, gar nicht«, sagte Sophie, stützte sich auf einem Ellenbogen ab und klopfte mit der Hand einladend auf die türkisblaue Tagesdecke neben sich. »Setz dich doch her!«

»Ja, gerne.« Mädchenhaft graziös sprang Katrin zu ihr aufs Bett, ließ sich im Schneidersitz nieder.

Sophie, die sich jetzt schon komisch vorkam, weil sie einfach liegen geblieben war, als ihre

Chefin ins Zimmer gekommen war, hatte sich ebenfalls aufgesetzt und schaute Katrin abwartend an. Die lächelte ihr nun fast schüchtern zu.

»Ich wollte dir nur sagen, dass ich echt froh bin, dass du hier bist. Du scheinst genau die richtige Art bei den Kindern drauf zu haben.«

»Danke, ich finde es wirklich wunderschön bei euch«, sagte Sophie ehrlich gerührt, drückte fest die Hand, die Katrin ihr entgegenhielt. »Und natürlich ist es für mich viel einfacher. Auf mich sind die Kleinen eben nicht eifersüchtig.«

»Ja, klar.«

Huch, kurz musste Sophie schlucken, glitzerten da etwa Tränen in den Augen ihres bis eben noch so selbstbewusst wirkenden Gegenübers?

»Weißt du, für mich ist es auch nicht so einfach hier. Ich hab die Klara und den Franz wahnsinnig gern, aber sie machen es mir nicht gerade leicht. Oft kommt es mir so vor, als ob ich gegen eine Mauer prallen würde.«

Verständnisvoll nickte Sophie, so etwas in der Art hatte sie sich auch schon gedacht. »Vielleicht brauchen die Kinder einfach noch eine Weile. War sicher ganz schrecklich für sie, ihre Mutter zu verlieren.«

»Bestimmt«, sagte Katrin, strich sich dabei nachdenklich eine ihrer langen dunklen Locken hinters Ohr. »Aber wahrscheinlich sollte ich noch viel geduldiger mit ihnen sein.«

Eigentlich ja, musste Sophie insgeheim denken. Aber natürlich würde sie das nicht laut aussprechen. Katrin war ohnehin schon niedergeschlagen genug, da wollte sie ihr nicht noch einen weiteren Dämpfer versetzen. »He, das wird schon werden«, versuchte sie im Gegenzug die andere aufzubauen. Und schob nur als kleine Ermunterung hinterher: »An Kinder kommt man meist ganz gut ran, wenn man etwas mit ihnen spielt – muss ja nichts Großartiges sein – oder ihnen vorliest.«

»Du musst es ja wissen als Kindergärtnerin. Ich werde in Zukunft auf jeden Fall dran denken«, gab Katrin leise zurück. Dann lächelte sie Sophie freundlich an. Hübsch sah sie dabei aus, nicht nur einfach perfekt schön wie vorhin, sondern richtig sympathisch hübsch. »Ich glaube, wir beide werden richtig gute Freundinnen werden«, sagte sie leise, es klang fast schüchtern. »Ich finde dich nämlich total nett.« Offenbar selbst ergriffen über das eben Gesagte, wedelte sie mit den Händen imaginäre Tränen weg, was irgendwie niedlich aussah.

»Schön, ich mag dich auch sehr«, antwortete Sophie, während sie Katrins Hand drückte. Das war vielleicht nicht ganz ehrlich gewesen, aber würde bestimmt noch werden. Sie fand es ohnehin ziemlich kurios, wie sie hier so ihre Nettigkeiten austauschten. Vielleicht für den ersten Tag ein wenig übertrieben, fast kam sich Sophie wie in einer Tragikomödie vor. Aber natürlich war es auch sehr lieb von Katrin, sie so herzlich willkommen zu heißen.

»Danke«, flüsterte die, und ehe Sophie sich versah, schlang Katrin ihre Arme um sie.

Ein wenig überrumpelt fuhr sie zusammen. Okay, so einen Gefühlsüberschwang hätte sie der den ganzen Nachmittag so kontrolliert wirkenden Geschäftsfrau echt nicht zugetraut. Aber das musste wohl auch sie noch lernen: Niemals vorschnell seine Meinung über jemanden fällen und in irgendeine Schublade stecken – die für Katrin hatte im Grunde schon die Aufschrift »Hübsch, aber kühl« gehabt. Peinlich, peinlich – da konnte es klarerweise leicht zu Überraschungen kommen.

Jetzt hatte sich Katrin wieder gefangen, war aufgestanden. Wohl ein wenig verlegen strich sie über ihr ohnehin makellos glattes Seidentop. »Na, dann bin ich ja froh, dass wir beide uns so gut verstehen. Das erleichtert das Zusammenleben irrsinnig.« Sie zuckte mit den Schultern. »Ich hab zwar eine Wohnung in Kitzbühel, und die werde ich als meinen kleinen Rückzugsort auch nach der Hochzeit behalten, aber die meiste Zeit werde ich natürlich hier auf dem Hafner-Hof wohnen.«

»Freut mich«, sagte Sophie und winkte Katrin zu, die bereits die Klinke in der Hand an der Tür stand. »Schönen Abend noch!« Mit einem nicht zu unterdrückenden Gähnen fügte sie hinzu: »Und schlaft's gut!«

Katrin schaute verwundert drein. »Aber du wirst dich doch noch auf ein Glas Wein zu uns setzen, oder?«

»Danke, ganz lieb, aber ich bin so dermaßen müde, dass ich heute sogar am liebsten das Zähneputzen auslassen würde.«

Katrin kicherte. »Aber, dass du mir das ja nicht dem Franzl und der Klara erzählst.«

»Auf keinen Fall!«

Sophie gähnte wieder, dann streckte sie ihre Arme in die Luft. »Aber für eine kurze Katzenwäsche im Bad wird meine Energie schon noch reichen.«

»Sehr löblich!« Katrin zwinkerte ihr noch einmal verschwörerisch zu, dann war sie auch schon zur Tür hinaus.

Versonnen schaute Sophie ihr eine Weile nach. Es war wirklich wunderbar, wie schön sich hier alles für sie entwickelte. »Wenn das so weitergeht, willst gar nicht mehr weg von hier!«, sagte sie leise. »Und wenn schon!«, antwortete sie sich selber mit einem breiten Lächeln. Ihre Sorgen schienen wirklich in München geblieben zu sein. Apropos München! Sie wollte doch die Lisa anrufen. Was auf jeden Fall besser war, als peinliche Selbstgespräche zu führen.

Einige Male klingelte es, und fast hätte Sophie enttäuscht wieder aufgelegt. Jetzt fühlte sie sich wieder um einiges munterer und hätte große Lust gehabt, ihrer Münchner Freundin von all den neuen Eindrücken zu erzählen. Ha, im wirklich allerletzten Moment meldete sich eine ziemlich atemlose Lisa. »Hallo?«, schnaufte sie ihr ins Ohr.

»He, bist du eben einen Marathon gelaufen?«, lachte Sophie, gleichzeitig wurde ihr ganz warm ums Herz. Es war einfach zu schön, die Stimme ihrer Freundin zu hören.

»Nein, Sophie. Ich war nur gerade im Badezimmer«, japste die nun hocherfreut. »Servus, meine Liebe! Ist ja schön, dass du dich so schnell meldest.«

»Hab ich doch versprochen!«, gab Sophie immer noch lachend zurück. »Und willst wissen, wie es mir in Tirol gefällt?«

»Unbedingt!«

»Also hier in …«

»He, du solltest mir doch nicht sagen, wo genau du bist!«, wurde sie von ihrer Freundin brüsk unterbrochen.

Besorgt runzelte Sophie die Stirn. Eben noch hatte Lisa so gut aufgelegt gewirkt, aber jetzt schwang da etwas mit in ihrer Stimme, das sich wie Angst anhörte. Sofort musste sie an ihren Exfreund denken. »Ist alles okay bei dir? Hast du vielleicht etwas von … Na ja, du weißt schon … Sven gehört?«

Kurzes Zögern am anderen Ende der Leitung, dann hörte Sophie, wie Lisa tief Luft holte. »Du, eigentlich wollte ich es dir gar nicht erzählen, aber dieser Idiot hat tatsächlich bei mir geklingelt.«

»Oh.« Sophie blieb vor Schreck fast das Herz stehen. »Er hat doch nichts gemacht, oder?«

»Nein, keine Sorge!«, erwiderte Lisa nun wieder viel fröhlicher. »Im Gegenteil, dieser Riesendepp sollte sich vor mir in Acht nehmen und vor Tim. Also langer Rede kurzer Sinn: Bei mir wird er sich bestimmt nicht wieder blicken lassen.«

»Tim?« Sophie konnte geradezu sehen, wie Lisa am anderen Ende der Leitung versonnen lächelte. »Ja, das ist eine wirklich erfreuliche Wendung in meinem einsamen Künstlerleben, aber zuerst musst du erzählen ...«

»Okay«, kicherte Sophie, schilderte dann im Schnelldurchlauf und mit großer Begeisterung ihre erste Begegnung mit Michael, Katrin und den Kindern. Tja, an und für sich kam sie geradezu ins Schwärmen. Nur bei Katrin blieb sie vielleicht ein klein wenig sachlicher, auch wenn sie diese durchaus als patente Frau darstellte.

»Und die Landschaft g'fallt dir auch?«, fragte Lisa neugierig nach. »Ist es so wie in den Urlaubsprospekten?«

Sophie streckte wohlig ihre Zehen auf dem Bett aus. »Noch viel schöner. Die Almen, die

Berge, alles so schön grün und weit, und heute war das Wetter geradezu spitzenmäßig« Sie räusperte sich ein paar Mal und sagte dann geziert streng: »So, junges Fräulein, jetzt ist es aber an dir, mir von diesem geheimnisvollen Tim zu erzählen.«

»Natürlich, Frau Lehrerin!«, machte Lisa das Spielchen mit. »Aber nur, wenn es bei Ihnen in Sachen Liebe keine Neuigkeiten gibt.«

»I wo!«, rief Sophie. Ja, zugegeben, das war jetzt viel zu schnell und auch viel zu schrill gekommen. Aber sie wollte an ihre anfängliche kleine Schwärmerei für den Michael nicht mal mehr denken, geschweige denn darüber reden. Schnell hatte sie sich wieder gefasst. »Vielleicht kann ich dir ja morgen, wenn ich einen feschen Stier sehe, schon mehr erzählen.«

»Haha! Aber wie heißt es so schön: Auf der Alm da gibt's ka Sünd«, lachte sich Lisa halb tot und konnte erst gestoppt werden, als Sophie ziemlich resolut ins Telefon sagte: »So, jetzt erzählst mir aber alles, absolut alles von deinem Tim und was der mit dem Sven zu tun hat.«

»Aye, aye, Käpten! Ich geb mich geschlagen!«

Als Sophie später fest in ihre Decke gekuschelt im Bett lag und durchs Fenster in die Nacht hinausstarrte, ließ sie das Gespräch mit Lisa noch mal Revue passieren. Eben war sie noch todmüde gewesen, aber die Angst, die ihr auf einmal im Nacken saß, hatte sie wieder hellwach gemacht. Dabei hätte sie auf diese beklemmende Furcht wirklich gut verzichten können. Sven war also wiedergekommen! Nun ja, es wäre auch zu einfach gewesen, wenn er plötzlich das Interesse an ihr verloren hätte. Kaltes Grauen erfasste sie, so eisig, dass sie die Decke hochzog bis zum Kinn. Vorhin hatte sie Lisa noch gewarnt, Svens »Besuch« nicht auf die leichte Schulter zu nehmen, vielleicht doch zur Polizei zu gehen. Ja, ja, sie selbst hatte den Glauben an den Schutz der Ordnungshüter zwar verloren, aber bei Lisa war es doch etwas anderes: Sie war nicht Svens Exfreundin, bei ihr konnte er nicht erklären, dass er das mit dem »Schluss machen« noch nicht so ganz kapiert hatte.

»Um mich brauchst du dir wirklich keine Sorgen zu machen«, hatte Lisa ihr mit Nachdruck versichert. »Ich lasse mir von dem gar nix gefallen und der Tim hat einen schwarzen Gürtel in Karate.«

Ja, ja, dieser Tim. Sophie freute sich wahnsinnig für ihre Freundin, und so, wie die den Kinderbuchautor geschildert hatte, war er ihr auf Anhieb sympathisch gewesen. Also brauchte sie sich wohl wirklich keine Sorgen mehr zu machen, sondern konnte froh sein, dass sie hier eine Verschnaufpause von den Schrecken der letzten Monate einlegen konnte. Wie lange, stand wohl in den Sternen, die hier geradezu unzählig, viel mehr als in München, vom Nachthimmel strahlten. Weil sie vorm Schlafengehen die Vorhänge zur Seite geschoben hatte, wurde sie mit freier Sicht aufs Firmament belohnt. Wie Diamanten auf schwarzem Samt sah das aus. »Wunderschön«, dachte sie noch. Endlich, endlich, fielen ihr die Augen zu.

Sie wusste nicht, wie lange sie schon geschlafen hatte, rechnete die sanfte Berührung ihres Gesichts zuerst ihrem Traum zu. Wie peinlich, sie träumte tatsächlich von Michael Hafner, davon, wie er sie vor dem Bauernhaus in den Arm nahm, ihr zärtlich über die Wange strich. Aber nachdem sie einige Male verschlafen in die Dunkelheit geblinzelt hatte, kam sie zu der Erkenntnis, dass dieses Streicheln real wahr. Erschrocken und empört zugleich fuhr sie zusammen. Den dummen kleinen Freudenhüpfer ihres Herzens überging sie einfach, denn natürlich war das völlig daneben von Michael. Wer sollte es denn sonst sein, der da mitten in der Nacht an ihr Bett kam?

5

Als Katrin am nächsten Vormittag inmitten einer blumigen Duftwolke mit wogenden, langen Locken ihre Boutique »Capri« betrat, war Irmgard, die bereits eine Stunde zuvor geöffnet hatte, gerade mit einer Kundin im Gespräch. Die Touristin aus Stuttgart stand in einem eng anliegenden Designerkleid aus schwarzer Spitze vor dem großen Spiegel und zupfte offenkundig unschlüssig im Bereich ihrer Hüften am Stoff. »Ich weiß nicht so recht. Irgendwie macht mich das gute Stück doch fett, oder?«, fragte sie mit gerunzelter Stirn.

»Nein, absolut nicht!«, sagte Irmgard ehrlich, denn der kurvigen Blondine stand das Kleid, das sich eng an ihren Körper schmiegte, tatsächlich sehr gut. »Ich finde, es steht Ihnen ausgezeichnet.«

»Oh, macht es mich wirklich nicht dick?« Das eben noch so kummervolle Gesicht der Frau hatte sich merklich aufgehellt. Nun betrachtete sie sogar mit einem stolzen Lächeln ihr Spiegelbild.

Da trat Katrin kopfschüttelnd an die beiden heran. »Na ja, um ehrlich zu sein, macht einen wohl kaum ein Kleid dick, sondern eher das viele Essen, das man in sich reinstopft«, erklärte sie mit hochgezogenen Augenbrauen.

»Wie bitte?« Die Kundin blinzelte mehrere Male ungläubig, ließ dann den Blick mit saurer Miene über Katrins schlanke Gestalt wandern, während Irmgard heimlich die Augen verdrehte. Verflixt, musste Katrin denn immer so einen Blödsinn daherreden?

»Es war nur ein Scherz«, sagte die jetzt zu der Kundin mit einem Blick von oben herab. »Ein wenig Humor kann man doch wohl voraussetzen.«

»Kommt darauf an«, murmelte die Kundin, offenbar immer noch ziemlich perplex.

Da mischte sich Irmgard schnell ein. »Wie gesagt, das Kleid steht Ihnen fabelhaft. Zu welchem Anlass würden Sie es denn anziehen wollen, wenn ich fragen darf?«

Scheinbar zufällig hatte sie sich zwischen Katrin und die Stuttgarterin gestellt, sodass die beiden Frauen keinen Blickkontakt mehr miteinander hatten. Was offensichtlich auch besser war, denn die eben noch so ernste Miene der Schwäbin entspannte sich augenblicklich.

»Mein Mann und ich feiern hier in Kitzbühel unseren fünften Hochzeitstag, da will ich es beim Abendessen ausführen.« Sie warf wieder einen Blick in den großen Spiegel. »Ja, ich werde es nehmen!«

»Sehr schön«, sagte Irmgard mit einem herzlichen Lächeln. »Ihr Mann wird Augen machen.«

Wenig später hatte die Käuferin auch schon ihre Kreditkarte gezückt, spazierte danach mit der Kleidertüte in der Hand und einem hochzufriedenen Lächeln im Gesicht aus dem Laden.

»Noch einen wunderschönen Urlaub!«, rief Irmgard ihr nach und winkte übermütig, so als ob sie sich von einer alten Bekannten verabschieden würde.

Katrin beobachtete die Szene mit rollenden Augen. So was aber auch, wie die Irmi sich anbiederte! Der nächsten Kundin würde sie wahrscheinlich noch um den Hals fallen und ihr links und rechts ein Busserl auf die Wange drücken. Dabei hatte sie doch ihrer Angestellten erst letztens von dem Artikel in dieser angesagten Modezeitschrift erzählt, in dem empfohlen wurde, dass man hochpreisige Ware am besten mit einer gewissen Arroganz verkaufen sollte. So hatten die Kunden noch viel mehr das Gefühl, etwas wirklich Edles, das sich ganz bestimmt nicht jeder leisten konnte, erstanden zu haben. Aber bitte, die Irmi mit ihrer unterwürfigen Freundlichkeit war ein hoffnungsloser Fall. Kurz ratterte es in ihrem Kopf, ob die Zeitungsmeinung wirklich haltbar war. Schließlich hatte die Kundin das sündhaft teure Kleid aus Paris ja doch gekauft – obwohl Irmi ihr ganze Bienenwaben voll Honig ums Maul geschmiert hatte. Oder vielleicht gerade deswegen? Mit einem tiefen Seufzer schloss sie die Augen. Schwieriger Fall.

»Katrin?« Irmgard sah sie fragend an.

Ups, offenbar wurde sie bereits zum zweiten Mal angesprochen. »Ja! Was willst denn immer von mir!«

»Du sollst mir endlich erzählen, wie das Kindermädchen aus München so ist!«

Mit großen Augen schaute Irmi sie an, während Katrin erst mal mit den Schultern zuckte. Tja, was sollte sie jetzt wirklich auf die Schnelle sagen? Vielleicht gar die Wahrheit? Dass diese Sophie ärgerlicherweise verdammt hübsch war und das offensichtlich selbst nicht mal merkte? Und dass ihr solche Frauen, die man natürlich nur in die Kategorie gefährliche Konkurrenz einordnen konnte, prinzipiell ein Dorn im Auge waren? Allerdings war sie wirklich recht sympathisch und bemüht gewesen, bei den Kindern bestimmt sogar zu viel, dermaßen die begeisterte Nanny zu spielen, echt übertrieben. »Na ja, sie ist recht lieb und war von mir sofort total begeistert. Vielleicht ein bisschen zu anhänglich«, begann sie nicht ganz wahrheitsgetreu zu erzählen.

»Sie fühlt sich hier wohl noch recht einsam«, sagte Irmi mit ernster Miene. »Vielleicht hat sie ja mal Lust, mit mir zusammen ins Kino zu gehen?«

Katrin sah sie missbilligend an. Das fehlte ihr gerade noch, dass die beiden dicke Freundinnen wurden und sie selbst außen vor war. Auf keinen Fall sollte sich die Münchnerin allzu heimisch hier in Tirol fühlen. Leise schnaubte sie. Auch wenn es im Moment sehr praktisch war, dass sie bei den Kindern aushalf – auf Dauer würde das natürlich nicht notwendig sein. In Richtung Irmi machte sie nun eine wegwerfende Handbewegung. »Ah, daran hat sie, denk ich, überhaupt kein Interesse. Nach meinem Eindruck fühlt sie sich schon ein bisschen als was Besseres, weil sie aus München ist, und hängt sich wohl nur so an mich ran, weil ich ihre Chefin bin.«

»Aha, wenn das so ist«, sagte Irmi enttäuscht und fuhr sich durch die kurzen roten Haare. Überhebliche und berechnende Menschen waren ihr immer schon ein Gräuel gewesen. Und so wie Katrin diese Sophie schilderte, schien die bloß nach einflussreichen Leuten Ausschau zu halten. Andererseits wollte sie auf Katrins oft überzogene Meinung auch nicht allzu viel geben, sondern einfach abwarten, wie Sophie wirklich war. »Na ja, ich werde sie bestimmt zu nix zwingen«, sagte sie schulterzuckend.

»Recht hast!«, sagte Katrin ungewohnt herzlich. »Der brauchst wirklich ned nachrennen!«

»Nein, nein«, winkte Irmi gleich ab und begann, sommerbunte T-Shirts ins Regal zu räumen.

Aber jetzt, wo Katrin ihr so abriet, begann sie tatsächlich noch neugieriger auf die Münchnerin zu werden.

Währenddessen war Sophie auf dem Hafner-Hof mit Klara und Franz nach einem ausgedehnten Frühstück dabei, Eier aus den Nestern des Hühnerstalls am rückwärtigen Teil des Hauses zu sammeln. »Die sind ja so was von putzig!«, rief Sophie inmitten der gackernden Schar im Stall. Und davor auf der großen eingezäunten Auslauffläche warteten weitere Hühner auf ihre Körner.

Sissi musste außerhalb der Absperrung warten, warf den Kindern aber immer wieder sehnsüchtige Blicke zu. Wie ein Schatten war sie Klara und Franz bereits den ganzen Morgen gefolgt, zeitweise sogar mit der schwarzen Katze Cleo im Schlepptau.

»Ja, mei«, sagte Franz, »lieb sind's schon und glückliche Henderln sind's auch, aber das Gackern ist manchmal gar zu laut, besonders der Hahn in der Früh.«

So als ob er sich angesprochen fühlen würde, stellte der prächtige rotbraune Hahn seinen Kamm auf und ließ ein lautes »Kikeriki« ertönen.

»Ui, der kann's ja wirklich!«, lachte Sophie, der es ein bisschen in den Ohren klingelte. »Aber heute früh habe ich so fest geschlafen, dass ich ihn gar nicht gehört hab.« Peinlich berührt senkte sie den Kopf, als ob sie inmitten der Hühnerstreu angestrengt nach etwas Wertvollem suchen würde. War ja wirklich zu peinlich gewesen, als sie in der Nacht gedacht hatte, Michael Hafner wäre zu ihr ans Bett gekommen. Langsam, aber sicher nahm ihre kindische Fantasie echt bedenkliche Ausmaße an.

»Ja, wir zwei haben gut geschlafen, gelt?«, kicherte Klara. *Sie* hatte nämlich in der Nacht dem dringenden Wunsch nachgegeben, zu ihr ins Bett zu krabbeln. »Sonst schlafe ich immer beim Papa, aber nicht, wenn die Katrin da ist«, hatte die Kleine gemurmelt, bevor sie unter ihre Decke geschlüpft war.

Sophie hatte dann ziemlich an die Wand gedrängt noch eine ganze Weile wach gelegen und war irgendwann auch endlich eingeschlafen. Offenbar so tief, dass mehrere Hähne direkt neben ihrem Bett nötig gewesen wären, um sie so früh zu wecken.

»Ja, das war schön, dass wir heute ausschlafen durften«, sagte sie zu den Kindern und streckte dabei ihre Arme in die Höhe.

Michael hatte zwar am Vortag beim Abendessen gemeint, dass die Kinder ruhig auch an diesem Tag in den Kindergarten gehen sollten, damit sich Sophie in Ruhe auf dem Hof umschauen konnte, hatte mit dieser Erklärung aber bei Klara und Franz sofort elendslange Gesichter hervorgerufen. »Aber wir können der Sophie doch alles zeigen!«, sagte Franz zu seinem Vater in enttäuschtem Tonfall. »Du hast ja eh keine Zeit dafür!«

»Wir wollen bei der Sophie bleiben«, bettelte auch Klara mit flehendem Blick, unwiderstehlicher als der eines Dackelwelpen. »Bitte, bitte, bitte.«

Tja, mit solchen Blicken brachte man wohl auch Gletscher zum Schmelzen. »Ich weiß nicht so recht«, zögerte Michael noch, offensichtlich bereits ein wenig zu Wachs geworden. »Wenn es der Sophie wirklich nichts ausmacht …«

Nun hob Katrin, die eben damit beschäftigt war, eine Tomate in winzig kleine Stücke zu schneiden, den Kopf. »Also, ein bisschen mehr Konsequenz tät ja auch nicht schaden, wäre jetzt meine bescheidene Meinung.«

Insgeheim gab Sophie ihr sogar Recht – natürlich musste man Kindern Grenzen setzen, und einmal Gesagtes sollte auch gelten. Aber es gab eben auch Ausnahmesituationen, bei denen man ruhig mal alle Fünfe grade sein lassen konnte. Und ein Tag, an dem eine neue Bezugsperson ins Leben der Kleinen trat, war doch zweifellos etwas Besonderes. »Ich würde mich sehr freuen, wenn mir der Franz und die Klara morgen ein bisschen helfen könnten, mich hier zurechtzufinden. Der Hof kommt mir dermaßen riesig vor. Sonst verlauf ich mich ja glatt noch.«

Bemüht unschuldig sah sie Michael an und nur ihn, denn Katrins säuerlichen Blick konnte sie zwar aus dem Augenwinkel erkennen, wollte ihn aber nicht unbedingt verstärken. »Na gut, ausnahmsweise«, gab er sich schulterzuckend geschlagen. Er zwinkerte seinen Kindern zu. »Dann spielt's ihr morgen den Hofführer für die Sophie, während ich den Käse mach.«

»Juchu!«, riefen beide wie auf Kommando gleichzeitig, dabei sahen sie so glücklich aus, dass es Sophie vor Ergriffenheit die Brust zusammenzog.

Jetzt grinste Franz im Gedanken daran, wie schwer Sophie und Klara zu wecken gewesen waren, übers ganze Gesicht. »Ihr zwei habt so tief geschlafen, wie Steine.«

»Weil es bei der Sophie eben so richtig kuschelig ist«, rief Klara entzückt aus, dabei umschlang sie deren Knie mit einer theatralischen Geste.

Sophie strich der Kleinen lachend über den Kopf. »Ja, wenn's dir so gut bei mir gefällt, dann kannst ja wieder mal kommen.«

Und da Franz plötzlich ganz sehnsüchtig dreinschaute, sagte sie in seine Richtung: »Und du natürlich auch, dann müssen wir eben ein bisserl z'sammrücken.«

Sofort veränderte sich der Gesichtsausdruck des Buben, fast widerwillig schüttelte er den Kopf. »Bin doch kein Baby mehr.«

»Nein, natürlich nicht. Du bist schon ein richtig Großer«, beruhigte Sophie ihn, um dann schnell vom Thema abzulenken. Mit hochgezogenen Augenbrauen zeigte sie auf den bereits mit etlichen Eiern gefüllten Korb. »Na, da waren die Hendl ja fleißig.«

»Stimmt«, sagte Franz ernsthaft, »aber jetzt müssen wir ihnen Weizen in die Futterautomaten geben, sonst werden's bös.«

Wie ein Lehrer auf seine Lieblingsschülerin deutete er auf Sophie. »Wenn du willst, darfst du die Körndln rein tun.«

»Ja, natürlich!« Sophie wurde auf einmal ganz heiß in ihrer Strickjacke, während sie den Futterautomaten ratlos anstarrte. Franz machte eine ermunternde Geste mit der Hand.

»Deine Großeltern haben so was bestimmt auch gehabt, oder?«

»Na ja«, wand sich Sophie, die sich auf dem Hafner-Hof bis eben noch so wohlgefühlt hatte.

Gutmütig eilte Klara ihr zur Hilfe. »Bei deinen Großeltern war das anders, stimmt's?«

»Allerdings, das war völlig anders bei ihnen«, murmelte Sophie. War hier der Anfang aller erdenklichen Peinlichkeiten? Würde sie ab jetzt mit jedem Schritt in einem weiteren Fettnäpfchen landen? Ja, ja, Lügen haben kurze Beine. Das Sprichwort war nicht neu, aber immer noch so wahr wie eh und je.

»Das können wir der Sophie doch zeigen«, ertönte da hinter ihnen auf einmal eine männliche Stimme.

Zu Tode erschrocken fuhr Sophie herum, starrte Michael so voller Panik an, als ob er ihr in einem dunklen Park aufgelauert hätte und plötzlich aus einem Gebüsch entgegengesprungen wäre. Gleichzeitig schossen Unmengen von Adrenalin durch ihren Körper. Was zum Teufel war denn nur los mit ihr! Allmählich musste sie sich doch von der schlimmen Zeit mit Sven erholen – sonst würde Michael Hafner womöglich noch denken, dass sich eine Wahnsinnige um seine Kinder kümmerte.

»Oh, entschuldige, dass ich dich erschreckt habe«, sagte er, nun offensichtlich selbst bestürzt. »Du bist ja weiß wie die Wand.«

Na wunderbar, er ließ seine Kinder also tatsächlich von einer Irren betreuen, die die »gesunde« Hautfarbe von einem Nachtgespenst angenommen hatte. Aber damit nicht genug. Beim Gedanken daran, dass Sven es tatsächlich geschafft hatte, ein psychisches Wrack aus ihr zu machen, schnürte sich ihr fast der Hals zu. Da half es auch nichts, sich einzureden, dass es nicht ganz so schlimm um sie stehen konnte. In der Nacht im verschlossenen Haus, als sie an der Wange berührt worden war, hatte sie schließlich auch keine Panik ergriffen, sondern genau das Gegenteil. Der letzte Gedanke rüttelte sie wieder auf, auch ihr Atem hatte sich endlich wieder normalisiert.

»Nein, nein, tut mir leid. Ich war nur so mit diesem Futterautomaten beschäftigt«, sagte sie möglichst gelassen.

Michael warf ihr ein kleines Lächeln zu, eines von der Sorte, das ihr Herz ein klitzeklein wenig hochspringen ließ. »Ist überhaupt nicht schwer, komm, wir zeigen es dir.«

»Ja, bitte!«, sagte sie und senkte dabei rasch den Blick, damit Michael ihre glühenden Wangen nicht bemerkte.

Mit geschickten Handgriffen hatte er das Ding, das wie ein umgestülpter Eimer auf einem Teller ruhend aussah, auseinandergeschraubt und füllte nun zusammen mit Klara Weizenkörner in den Kübel, den er dann mit dem »Teller« wieder verschloss. Als er das Futtersilo wieder auf den sandigen Boden stellte, stürzten sich die Hühner sofort darauf.

»Alarm!«, kreischte Franz auf und flüchtete mit einem großen Hüpfer aus dem Stall. Dabei hätte er um ein Haar den Korb mit den gesammelten Eiern umgeworfen, was ihm einen tadelnden Blick von seinem Vater einbrachte. So in der Art wie: »Was du immer für Faxen machst, du kleiner Lauser«, wofür Sophie den Mann gleich noch mal so gern hatte.

»Wie hast du denn früher mit deiner Oma und deinem Opa die Henderln gefüttert?«, fragte

Klara bei ihr nach, während Michael nun auch noch zwei Wasserbehälter nachfüllte.

Gute Frage! Wenn sie nicht als erbärmliche Lügnerin entlarvt werden wollte, sollte ihr schnell etwas einfallen, das konnte doch nicht so schwer sein. Wie fütterte man denn bitte sehr Hühner? Zumindest dann, wenn man keinen dieser Futterautomaten sein Eigen nannte. Vielleicht mit einem Vogelhäuschen, das man an die Wand hing? Eben wollte sie genau das sagen, als Michael im unbekümmerten Ton meinte: »Bestimmt habt ihr die Körner einfach mit der Hand auf der Erde verstreut. Hühner picken gerne am Boden.«

Oh, klar, das war natürlich naheliegend. Puh, noch mal gut gegangen! Erleichtert, dass sie sich nicht mit hängenden Vogelhäuschen bis auf die Knochen blamiert hatte, schnippte sie zustimmend mit den Fingern. »Genau so haben wir das gemacht!«

Sie nickte Michael und Klara zu, dann schnappte sie sich den Korb mit den Eiern. Nur rasch raus aus dem Stall, sonst versank sie hier irgendwann noch vor lauter Scham im Sandboden. Sie fand es ohnehin schon schlimm genug, welche Schwindeleien sie hier zum Besten gab. Es wäre kein Wunder, wenn sich ihre Großeltern, die grundehrliche Menschen gewesen waren, vor lauter Entsetzen über ihre Enkelin, die sich in einen weiblichen Baron Münchhausen verwandelt hatte, in ihrem Münchner Grab umdrehten. Draußen hielt sie mit geschlossenen Augen das Gesicht in die Sonne und war gleichzeitig dankbar für die sanfte Brise, die über ihre Wangen strich. Wieder so ein schöner, für April schon fast heißer Tag. Nach einigen wohligen Sekunden öffnete sie die Augen und ließ ihren Blick über die beeindruckende Landschaft streifen. Almen, kleine Wäldchen, weiter oben die Gipfel des Wilden Kaisers.

Leise seufzte sie auf, spürte bei dem Anblick auf einmal ein so warmes, erhebendes Gefühl in der Brust, das sie nicht einmal von ihrem geliebten München her kannte. Instinktiv spürte sie, dass dieses Gefühl viel tiefer ging, als die normale Faszination von Touristen aus der Stadt, wenn sie Urlaub in den Bergen machten. Nein, sie, die sich im Grunde auch immer als richtige Stadtpflanze gesehen hatte, empfand auf einmal etwas, was sie wirklich verblüffte: Sie fühlte sich nämlich gar nicht richtig fremd, sondern vielmehr so, als ob es genau richtig wäre, hier zu sein. Noch erstaunlicher war, dass sie dies nicht allein aus der sicheren Distanz zu Sven fühlte, sondern weil sie sich durchaus vorstellen konnte, länger hier in diesem Tiroler Dorf zu bleiben. Sie atmete einige Male tief ein und aus, schaute rüber zu der Alm, auf der sie in einiger Entfernung zwei Wanderer mit Stöcken erkennen konnte. Lächelnd betrachtete sie die beiden, bekam plötzlich auch Lust, die Umgebung wandernd zu erkunden.

»Vielleicht gehen wir mal gemeinsam mit den Kindern wandern«, sagte da auf einmal Michael neben ihr, so als ob er ihre Gedanken lesen könnte.

Sie hatte ihn zwar erst im letzten Moment wahrgenommen, war aber diesmal immerhin nicht zusammengezuckt wie ein gejagtes Reh. »Ja, das wäre wirklich schön«, sagte sie mit versonnenem Gesichtsausdruck. In der nächsten Sekunde wiegelte sie bereits wieder ab: »Ehrlich gesagt bin ich aber gar nicht in Form und Wanderschuhe habe ich auch keine. Das wird nix.«

»Aber geh, das schaffst du schon. Bist ja bestimmt recht sportlich«, sagte Michael lachend, stupste sie leicht in die Rippen.

»Und Wanderschuhe bekommst du von mir, sozusagen als Begrüßungspräsent.«

Er schenkte ihr ein dermaßen herzliches Lächeln, sodass ihr auf einmal ganz schwindelig wurde. Und seine Berührung spürte sie auch immer noch, obwohl er die Hand natürlich längst weggenommen hatte. »Äh, ja, vielleicht probiere ich es ja am Anfang mit einer kürzeren Wanderung«, konnte sie nur daher stammeln, dann wandte sie rasch den Blick ab.

»Na, so was!«, rief sie auf einmal – zugegeben ein bisschen zu sehr gespielt überrascht aus, fast kam sie sich wie auf der Bühne eines

Laientheaters vor, nur um gleich schnittig in die Hocke zu sinken.

»Hier liegt ja noch ein Ei, ist mir wahrscheinlich aus dem Korb gefallen.« Hastig hob sie das weiße Ei auf und legte es vorsichtig zu den anderen. »Natürlich von einer weißen Henne«, plapperte sie weiter, weil sie neben Michael immer noch das Gefühl hatte, als ob sich alles um sie rum drehen würde.

»Aber Sophie!«, tönte da hinter ihr gutmütig belehrend der Franz. »Die Eifarbe hat doch nichts mit der Farbe der Federn zu tun. Die hängt von der Rasse ab.«

»Sicher, das muss ich wohl vergessen haben.« Völlig baff darüber, was sie schon wieder für einen Stuss dahergeredet hatte, kniff Sophie die Augen fest zusammen. Herrje, war das peinlich! Am besten sie blieb jetzt für immer mit geschlossenen Augen stehen, nach dem Kindermotto: »Seh ich euch nicht, könnt ihr mich auch nicht sehen.« Sie traute sich nun nicht mehr, eines der Familienmitglieder anzuschauen. Dabei waren alle so nett zu ihr, wie auch jetzt die kleine Klara: »Aber das macht doch nix, das können wir dir doch alles erklären.«

Wie eine Große redete sie in Richtung ihres Bruders: »Als ob das so wichtig wäre, die Henderlfarbe und die Eier.«

Das klang so süß und altklug, dass die Erwachsenen, nachdem sie sich einen kurzen Blick zugeworfen hatten, gleichzeitig einen kleinen Lachanfall bekamen. »Da hast du völlig recht«, amüsierte sich Michael, während er sich Lachtränen aus den Augenwinkeln wischte. Als ob das Ei anders schmecken würde, wenn man weiß, wer es gelegt hat.«

»Stimmt«, sagte nun auch Franz und schaute Sophie treuherzig an. »Kannst ja nix dafür, dass sich deine Großeltern vielleicht nicht so gut ausgekannt haben wie mein Papa.«

»… und wie du«, sagte Sophie mit warmer Stimme. Als sie bemerkte, wie sein Gesicht nach ihrem Kompliment aufleuchtete, hob sich ihre Stimmung weiter.

Ihrem nicht gerade rühmlichen Einstieg in die Landwirtschaft zum Trotz: »Kommt's, jetzt zeigen wir der Sophie, wie wir unseren Käse machen«, sagte Michael und zeigte dabei auf ein niedriges Nebengebäude.

»Darauf bin ich schon irrsinnig gespannt!«, rief die aus. Und fast ein bisschen übermütig fügte sie hinzu: »Käse haben meine Großeltern nicht selbst gemacht!« Und das war ja immerhin schon mal nicht gelogen.

»Der ist einfach fantastisch!«, seufzte sie wenig später genussvoll, als sie an einem Stück würzigem Bergkäse kaute.

Michael, der es versäumt hatte, schon zum Frühstück den eigenen Käse zu servieren, weil er im Moment wohl auch ein wenig durcheinander war, lachte Sophie an. »Ja, er stinkt zwar ganz schön, dafür schmeckt er aber auch.«

»Ja, sogar der Sissi«, nickte Sophie schmunzelnd und deutete mit dem Kopf auf den Collie, der zwar nicht in Michaels Käserei hinein durfte, aber auf der Schwelle von Klara hingebungsvoll mit kleinen Käsestücken gefüttert wurde.

»So, meine Kleine«, sagte Michael nun zu seiner Tochter. »Jetzt ist es aber gut. Du willst ja nicht, dass die Sissi kugelrund wird.«

Klara kicherte. »Nein, sonst rollt sie noch die Alm runter, aber ein kleines Stückerl darf sie noch.«

Begeistert leckte der Hund ihre Hand ab, während er gleichzeitig von Franz den Kopf getätschelt bekam. »Bist ja unsere Gute«, sagte der Bub grinsend, bevor er noch eine Kostprobe vom Holzbrett schnappte und sich selbst in den Mund steckte. »Der Käse vom Papa ist so gut, dass bei uns sogar die feinsten Hotels einkaufen«, sagte er nicht wenig stolz.

Sophie warf Michael einen anerkennenden Blick zu. »Kann ich gut verstehen. Alle Achtung!«

Bescheiden winkte er ab. »Aber, geh die anderen machen auch einen guten Käse. Ist wohl einfach ein Glück, dass sich meiner ein bissel herumgesprochen hat.«

»Nur keine falsche Bescheidenheit!«, lachte Sophie und zwinkerte ihm zu. »Der Käse ist echt spitze. Da muss ich mich ja zurückhalten, dass ich zwischendurch nicht ständig davon stibitze.«

»Na, na!«, gab Michael gespielt tadelnd mit erhobenem Zeigefinger zurück.

Klara nahm Sophies Hand. »Ich würde dich verteidigen und sagen, dass es die Mäuse waren, die den Käse gegessen haben.«

»Ach, so ist das? Fällt mir meine eigene Tochter in den Rücken?«, fragte Michael, zog dabei eine Grimasse, die wohl gefährlich aussehen sollte, aber das Lachen der ohnehin schon vor Vergnügen prustenden Kinder nur noch steigerte. »Teufelsbande! Raus hier!«, schimpfte er mit ihnen, dabei blitzte ihm selbst der Schalk aus den Augen.

»Der Papa muss jetzt endlich weitermachen.« Sophie nickte schuldbewusst in Klaras Richtung. Sie war doch hergekommen, um Michael zu entlasten, aber jetzt hatte er mit ihr mehr Arbeit als vorher. »Wir gehen schon«, sagte sie, drängte dabei die Kinder sanft zur Tür hinaus.

Dann drehte sie sich noch mal zu Michael um. »Sagst mir vielleicht, was ich noch machen kann? Vielleicht im Haus aufräumen?«

Er winkte ab. »Aber geh, heute sollst du dich einfach eingewöhnen.«

Kurz trafen sich ihre Blicke, dann schaute Sophie rasch wieder zu Klara und Franz. »Ein bisschen was möchte ich schon gerne tun. Die zwei helfen mir bestimmt. Franz, du kannst doch sicher phänomenal gut staubsaugen?«

»Na ja«, setzte Franz an, die Begeisterung war ihm nicht gerade ins Gesicht geschrieben.

Doch Sophie, die sich, um nicht allzu sehr zu schmunzeln, auf die Lippen beißen musste, tat so, als ob sie das gar nicht merken würde. »Und danach spazieren wir zusammen nach Ellmau und gehen einkaufen.«

»In 15 Minuten ist man dort. Ihr könnt aber auch gerne das Auto nehmen«, wandte Michael ein.

»Nein, danke, wir genießen lieber die frische Luft beim Spaziergang!« Sie winkte ihm noch mal zu, dann war sie mit den Kindern endlich draußen. Puh, den armen Mann musste man ja auch mal arbeiten lassen. Trotzdem konnte sie es nicht verhindern, dass sich ihr Kopf, der offenbar ein Eigenleben entwickelt hatte, ein letztes Mal umdrehte. Und wirklich, da stand Michael noch an der Tür und tippte sich grüßend an die Stirn.

Kaum mehr als eine halbe Stunde hatte Sophie gebraucht, um durch die unteren Räume zu saugen und in der Küche Ordnung zu machen – natürlich nur, weil die Kinder so fleißig mitgeholfen hatten. Oder sollte sie lieber sagen »obwohl«? Denn der Kampf, den sich Franz mit dem Staubsaugerkabel geliefert hatte, war kinoreif gewesen. Nun ja, nachdem Sophie ihn erlöst hatte, war er zumindest sehr eifrig dabei gewesen, seine kleinen Spielautos, die praktisch überall verstreut auf dem Boden lagen, in einer Schachtel einzusammeln und hinauf in sein Zimmer zu tragen. Wenig später spazierten sie zu dritt den Weg nach Ellmau entlang, Klara an Sophies Hand, während Franz ein Stück weiter vorn mit Sissi an der Leine lief. »Besser so«, hatte Michael beim Verabschieden gemeint, »bei den Autos passt sie leider nicht so richtig auf, der kleine Wirbelwind.«

»Wisst ihr schon, was wir zu Mittag kochen sollen?«, fragte Sophie die Kinder in der Hoffnung, dass sich die nicht unbedingt etwas allzu Kompliziertes wünschten. Zwar kochte sie recht gern, aber bei vielen Speisen fehlte ihr halt doch noch die Übung. Kurz musste sie an Sven denken, der ihre Nudelaufläufe so gern gemocht hatte. Ups, sofort ließ sie ihren Blick über die hübschen Häuser von Ellmau wandern, um sich abzulenken. Dieser warme, sonnige Tag war einfach zu schön, als dass sie sich ihn mit dummen Gedanken verderben wollte.

»Erdäpfelkrapferln!«, rief Klara nach einigem Nachdenken aus. »Die hat die Mama immer gemacht.«

»Aber geh! Jetzt tu doch nicht so!«, wies Franz sie zurecht. »Du kannst dich daran gar nicht erinnern, warst doch noch viel zu klein, aber ich weiß wirklich noch, dass die Krapferln von unserer Mama immer meine Leibspeis waren.«

»Natürlich kann ich mich noch an die Mama erinnern.«

Mit Entsetzen bemerkte Sophie, wie Klaras Unterlippe zu zittern begann. Durch die Erzählungen ihres Vaters mussten Franz und Klara, die beim Tod der Mutter höchstens drei und eineinhalb Jahre alt gewesen sein konnten, sich wohl einbilden, ihre Mama tatsächlich noch gut gekannt zu haben, kombinierte sie. Arme Kleine! »He, wenn ihr wollt's, machen wir zusammen die Reiberdatschi.«

»Ja!«, riefen beide, offensichtlich wieder halbwegs versöhnt.

Insgeheim atmete Sophie auf: Kartoffelpuffer hatte sie auch schon als Kind sehr gerne gegessen und bereitete sie öfters zu. Also würde ihr erster Kochversuch in Ellmau hoffentlich kein Reinfall werden. Vorsorglich fragte sie noch nach: »Und euer Papa? Mag er das auch?«

»Der Papa isst alles, was auf den Tisch kommt«, erklärte Klara mit Überzeugung. »Sogar Sushi, wenn die Katrin welches mitbringt, obwohl er gar keinen rohen Fisch mag.«

Amüsiert zog Sophie eine Augenbraue in die Höhe. Irgendwie sah sie es direkt vor sich, wie der höfliche Michael mit Todesverachtung den rohen Fisch runterwürgte, nur weil er die Katrin nicht enttäuschen wollte. Inzwischen war die kleine Gruppe bereits an den ersten Häusern von Ellmau vorbeigezogen, an der nächsten Ecke bemerkte Sophie das Gasthausschild »Zur wilden Gams«.

»Wart's ihr hier auch schon mal essen?«, fragte sie neugierig nach.

»Aber freilich!«, sagte Franz, bekam augenblicklich einen wehmütigen Gesichtsausdruck. »Die Fanni macht den weltbesten Kaiserschmarrn.« So als ob er plötzlich Bauchkrämpfe bekommen hätte, hielt er sich die Hand vor den Bauch. »Und jetzt sterbe ich glatt vor Hunger, wenn ich an den Kaiserschmarrn denk.«

Sophie lachte, dann hatte sie plötzlich eine Idee. »Was haltet ihr davon, wenn ich euch als kleine Stärkung zu einem Kaiserschmarrn bei der Fanni einlade? Wir bestellen einfach einen großen Teller für uns drei zusammen und dann haben wir wieder Kraft fürs Einkaufen und den Aufstieg zum Hof.«

Anstatt zu antworten, stürmten die Kinder sofort los, direkt in den mit urigen Holztischen, auf denen rosa und gelbe Primeltöpfe standen, sehr einladend wirkenden Gastgarten. Allerdings saß noch kein einziger Gast darin. Eine etwa fünfzigjährige mollige Frau im Dirndl, mit einem hübschen herzförmigen Gesicht, das von einem dunklen Pagenkopf umrahmt wurde, eilte zu der kleinen Gruppe.

»Nur herein, ihr Hübschen! Weil's heute so schön ist, haben wir endlich einmal den Gastgarten geöffnet.«

»Grüß Gott!«, sagte Sophie und lächelte der Frau zu. »Schön haben Sie es hier.«

Die andere grinste zurück. »Ja mei! Jetzt haben wir sogar schon Besuch aus München, wenn ich mich nicht verhört hab! Das freut mich aber!«

Kurz überlegte Sophie, ob das vielleicht übertrieben wäre. Nein, warum nicht? Sie streckte der Frau ihre rechte Hand entgegen. »Sophie Möller. Ich bin wirklich aus München, aber seit gestern arbeite ich auf dem Hafner-Hof als Kindermädchen.«

Ihre Hand wurde sympathisch fest gedrückt. »Sehr erfreut! Ich bin die Fanni Wabinger.« Sie zwinkerte den Kindern zu, die mit einer aufgeregt hechelnden Sissi bereits auf einen Tisch in der Sonne zusteuerten. »… Und bin hier für die Mehlspeis zuständig!«

Sophie lachte auf, dann musste sie an ihre Zugbekanntschaft denken. Diese Margarete hatte so schlecht über Fanni gesprochen, dass sich Sophie einen richtigen Hausdrachen vorgestellt hatte. Stattdessen stand sie nun einer mütterlichen, humorvollen Frau gegenüber, die man eigentlich sofort gern haben musste. Egal, wie Margarete zu diesem Urteil gekommen war, ging sie ja nichts an. Sie durfte nur nicht vergessen, schöne

Grüße von ihr zu bestellen. Aber jetzt knurrte auch Sophie schon gewaltig der Magen, musste wohl an der frischen Luft liegen.

Mmh … wenig später genossen Sophie und die Kinder ehrfürchtig still den flaumigen Kaiserschmarrn, den sie gemeinsam von einem großen Teller auf der Tischmitte verputzten. »Sehr, sehr gut«, sagte Sophie, als Fanni nach einer Weile – der Teller war schon fast leer – wieder ihren Kopf zur Tür rausstreckte. »Einfach ein Gedicht!«

»Schön, wenn's schmeckt«, sagte Fanni ehrlich erfreut. Bescheiden fügte sie hinzu: »Immer gelingt er natürlich nicht gleich gut.«

»Bei dir schon!«, sagte Franz mit vollen Backen.

Fanni lachte und strich ihm über die kurzen dunklen Haare. »Sind ja so lieb die Kinder.«

Leise fügte sie in Sophies Richtung hinzu: »Und 's ist wirklich nicht einfach für die zwei, ohne Mutter aufzuwachsen. Der Hafner-Michael hat aufopferungsvoll bis zum Schluss seine Gerda zu Hause gepflegt und die erste Zeit nach ihrem Tod schrecklich gelitten.«

»Das passt zu ihm«, murmelte Sophie und spielte ein wenig unbeholfen mit ihrer Serviette. Dieser Mann war wirklich ein herzensguter Mensch. »Hoffentlich kann die Katrin das auch schätzen«, schoss es ihr durch den Kopf.

Doch warum so streng? Was für eine Art von Beziehung Michael und Katrin miteinander führten, ging sie rein gar nichts an. Absolut nichts. Postwendend wechselte sie das Thema: »Liebe Grüße von der Margarete soll ich ausrichten. Ich hab sie im Zug kennengelernt, und sie hat mir sofort erzählt, wie gut es bei euch in der ›Wilden Gams‹ schmeckt.«

Fannis Gesicht färbte sich auf einmal dunkelrot, so als ob sie gleich explodieren würde. »Diese Frau lässt mich also grüßen, dass ich nicht lach!« Wutentbrannt schmiss sie ihr rot-weiß kariertes Geschirrtuch auf den Boden und hetzte über den Kiesweg ins Haus hinein, dass es nur so knirschte.

Entsetzt starrte Sophie ihr nach, während Franz trocken erklärte: »Das war jetzt aber keine große Freude.« Nein, das konnte nun wirklich niemand behaupten.

6

Mit einer Mischung aus Ratlosigkeit und schlechtem Gewissen schaute Sophie der eben noch so gut gelaunten Wirtin nach. Mist! Was hatte sie da bloß angerichtet? »Besser du mischst dich nicht mehr in die Angelegenheiten anderer Leute ein!«, durchfuhr es sie, während sie sich nervös nicht vorhandene Krümel von ihrem bunt gemusterten T-Shirt strich.

Feinfühlig legte Klara ihr die kleine Hand auf den Unterarm. »Die Fanni wird sich schon beruhigen. Wirst sehen, wenn sie das nächste Mal in unserem Hofladen Bergkäse für ihre Kasnudeln kauft, lacht sie wieder.«

Franz nickte zustimmend. »Ja, die Fanni hat wirklich meistens gute Laune.«

Na toll, dann war es ja umso schlimmer, dass sie der armen Frau den Tag versaut und vielleicht auch noch mehr Öl ins Feuer der Familienfehde gegossen hatte. »Ich komm gleich wieder!«, sagte sie zu den Kindern.

Mit hochrotem Kopf bückte sie sich nach dem Geschirrtuch am Boden, sprang auf und rannte auf den Gaststubeneingang zu. Als sie davor stoppte und sich überlegte, was sie eigentlich sagen sollte, erschien Fanni in der Tür.

»Entschuldige bitte«, sagte die Wirtin mit einem zerknirschten Lächeln. »Ansonsten bin ich wirklich kein so jähzorniges Häferl.«

»Nein, ich muss mich entschuldigen«, murmelte Sophie und streckte der Wirtin das Geschirrtuch entgegen. »Ich sollte wohl manchmal einfach besser den Mund halten.«

Fanni tätschelte ihr wohlwollend die Schulter. »Nein, nein, ist schon recht, dass du die Grüße ausgerichtet hast.« Sie atmete tief durch. »Weißt, der Basti und ich haben uns vor über dreißig Jahren auf einem Volksfest kennengelernt. Mei, waren wir jung, und sofort hat es bei uns gefunkt. Aber seine ganze Familie war gegen mich, weil ich aus, na ja, ich sag's, wie es ist, aus sehr einfachen Verhältnissen komm. Da hat's plötzlich von Bastis Eltern geheißen, ich bin nur scharf auf das schöne Wirtshaus.« Offensichtlich immer noch empört über die damalige Unterstellung schnappte sie nach Luft und fügte leise hinzu:

»Und die Margarete hat ihrer Mutter ganz nach dem Mund g'redt.«

»Vielleicht tut es ihr jetzt aber sehr leid«, wagte Sophie anzumerken, dabei schaute sie die Fanni fragend an.

Die seufzte auf. »Kann sein. Dem Basti und mir tut es ja auch leid, dass wir mit seiner einzigen

Schwester gar keinen Kontakt mehr haben. Man wird ja auch nicht jünger.«

»Also, wenn ihr sie auf euren Kaiserschmarrn einladet, wird sie sich sofort wieder mit euch versöhnen!«

Oje, Fanni sah sie dermaßen baff an, dass Sophie Angst hatte, schon wieder Blödsinn verzapft zu haben. Hektisch zog sie ihr Portemonnaie aus der Hosentasche, um zu zahlen. »Tschuldige«, murmelte sie, dabei hatte sie den Blick starr auf den Inhalt ihres Geldscheinfaches geheftet. »Jetzt sag' ich besser gar nix mehr.«

»Warum denn?« Fanni zwinkerte ihr zu. »Vielleicht ruf ich die Margarete ja wirklich an und lade sie zum Essen ein, auf einen Kaiserschmarrn oder auf ein saftiges Schnitzel, das hat sie immer so gern gegessen.«

Als sie sah, dass Sophie einen Zwanzig-Euro-Schein aus der Geldbörse zog, winkte sie mit einem gutmütigen Lächeln ab. »Lass ruhig stecken. Bist heute mein Gast!«

»Danke, das ist mir aber echt unangenehm.«

»Aber geh! Ich freu mich wirklich, dass du jetzt am Hafner-Hof bist, da werden wir uns ja hoffentlich öfters sehen!«

»Bestimmt«, sagte Sophie und zwinkerte Fanni zu. »Aber wenn ich das nächste Mal komm, möchte ich auf jeden Fall zahlen!«

Dass sie bald wieder in der »Wilden Gams« einkehren würde, war für sie beschlossene Sache, so wohl wie sie sich hier fühlte. Mit einer herzlichen Umarmung verabschiedeten die Kinder und sie sich von Fanni, dann steuerten sie auf den kleinen Supermarkt im Ort zu. Nebenbei machten Klara und Franz sie auf den Kindergarten mit den bunt bemalten Fenstern aufmerksam, ein kleines Stück weiter auf das Schulhaus der Volksschule.

»Im Herbst gehe ich dorthin«, sagte Franz nicht wenig stolz, als er auf das massive alte Holztor zeigte.

»Und dann kriegt er am ersten Schultag eine Schultüte mit lauter schönen Sachen drin«, fügte Klara vielleicht mit einem kleinen Hauch von Neid in der Stimme hinzu.

Sophie stupste sie an. »Ich glaube, als Schwester bekommt man auch eine Kleinigkeit geschenkt.«

»Wirklich?«, fragten jetzt beide wie aus einem Mund.

»Aber sicher doch!«

Franz schaute Sophie ernst an. »Ich freu mich, dass du auch dabei sein wirst.«

»Ich auch!«, krähte Klara und steckte ihre kleine Hand in die größere von Sophie.

»Und ich erst«, lachte Sophie. Dass sie im Grunde gar nicht wusste, wie lange Michael Hafner sie eigentlich beschäftigen wollte, und auch noch keine Rede von einem Arbeitsvertrag gewesen war, daran wollte sie jetzt gar nicht denken. Aber irgendwann, so viel stand fest, musste auch das geklärt werden.

Einige Tage später, an einem lauschigen Abend, saß Sven mit Georg Keimel, einem ehemaligen Kollegen aus dem Architekturbüro, in dem er seine Lehre als Bauzeichner absolviert hatte, in einem Münchner Biergarten zusammen. In der gut besuchten Gastwirtschaft mussten Georg und er ganz schön gegen den Lärm anschreien, um sich überhaupt miteinander unterhalten zu können. Trotzdem fühlte Sven sich inzwischen überglücklich, den gutmütigen Bekannten wiedergetroffen zu haben. Dabei hatte er kurz zuvor, als Georg ihm auf der Straße entgegengekommen war, absolut keine Lust verspürt, auf den alten Kollegen zu treffen. Vor dem emsigen, allseits beliebten Typen, dem offensichtlich alles in den Schoß fiel, wollte er schon gar nicht zugeben, dass er im Moment keinen Job hatte. Aber Georg, der Pfundskerl, war ihm einfach nachgerannt. Irgendwann hatte es Sven dann aufgegeben, noch länger so zu tun, als ob er sein Rufen nicht hören würde. Tja, und seither saßen sie entspannt bei einer Mass Bier zusammen. Jetzt nickte er Sven verständnisvoll zu. »Ist schon ein Wahnsinn, wie die Frauen einen fertigmachen können.«

»Ja, vor allem, wenn es einen so plötzlich erwischt wie mich, ohne Vorwarnung.« Sven hatte von seiner Beziehung zu Sophie nach Gutdünken erzählt – seine eigenen Fehler ebenso ausgespart wie auch Sophies Versuche, ihm seine Eifersucht auszureden. Und dass er ihr nach der Trennung nachgestellt hatte, behielt er ebenfalls lieber für sich. Zwar fühlte er sich damit durchaus im Recht, aber dumm war er nicht. Denn Stalking, wie die Polizei seine Nachforschungen nannte, wurde in der Gesellschaft nicht gerade mit Wohlwollen registriert und war in seinem Fall sogar mit einem Annäherungsverbot per einstweiliger Verfügung geahndet worden.

»Ich verstehe gut, dass dich das völlig aus der Bahn geworfen hat. Diese Frau hat offensichtlich dort, wo andere ein Herz haben, nur einen Felsbrocken.« Georg nahm einen großen Schluck vom Bier, das die Bedienung eben vor ihn hingestellt hatte. »Aber irgendwann muss es weitergehen.«

»Sicher, ich hab's ja eh kapiert, dass sie nix mehr von mir wissen will. Soll sie eben ihr Leben führen, wie sie es möchte, ohne mich.« Sven zuckte scheinbar resigniert mit den Schultern. Dass er innerlich bestimmt nicht bereit war, einfach den Schwanz einzuziehen, sprach er nicht laut aus. Auch wenn er sich nach dem unerfreulichen Zusammentreffen mit Lisas unverschämtem Freund nicht mehr ins Haus traute. Irgendwie würde er schon erfahren, wo Sophie sich aufhielt. »Was hast du gesagt?«, schreckte er aus seinen Gedanken auf und schaute Georg verdutzt an. »Du hast einen Job für mich?«

»Na ja, vielleicht. Auf jeden Fall geht eine Bauzeichnerin bei uns im Büro im nächsten Monat in den Mutterschutz, und mein Chef hat noch keinen Ersatz für sie.« Kumpelhaft stieß er Sven gegen die Schulter. »Was hältst du davon, wenn du einfach deine Bewerbungsunterlagen zusammenpackst und dich morgen bei meinem Chef vorstellst?«

»Meinst wirklich?«, stellte sich Sven zurückhaltend, dabei durchströmte ihn bereits das Gefühl des absoluten Siegers.

Ha, wenn das die Sophie erfahren würde! Sie wäre völlig baff. Auch ohne sie konnte er Karriere machen und dem gesamten Architekturbüro zeigen, was ein perfekter Bauzeichner war! Ein paar Minuten tat er noch so, als ob er zögern würde, genoss es dabei jedoch ungemein, wie Georg, der offensichtlich ein richtig gutmütiger Depp war, ihn zu überreden versuchte. »Na ja, wenn du meinst, dann komm ich morgen wirklich vorbei«, gab er sich schließlich scheinbar geschlagen.

»Ich leg ein gutes Wort für dich ein!«, rief Georg hocherfreut über die Geräuschkulisse der anderen Gäste hinweg aus und stieß mit ihm an.

Die beiden Biergläser krachten klirrend aneinander, und auch Sven musste jetzt lachen. Auf einmal erschien ihm die Idee, völlig neu anzufangen und seine blöde Exfreundin, die ihn gar nicht verdient hatte, links liegen zu lassen, richtiggehend verlockend.

Sophie, die sich nach den ersten drei Wochen in Ellmau schon ganz wie daheim fühlte, wollte gerade vom Hafner-Hof aufbrechen, um Klara und Franz vom Kindergarten abzuholen, als in ihren Jeans das Handy klingelte. »Hallo, du Bauernmädel!«, hörte sie Lisas herzliche Stimme am anderen Ende der Leitung. »Du meldest dich ja gar nicht mehr bei mir.«

Die liebe Lisa … Sophie seufzte leise auf. Ihre Freundin fehlte ihr hier wirklich noch zu ihrem Glück. Abgesehen davon, dass richtig gute Freundinnen natürlich unersetzbar sind, hatte sie hier auch noch keine Frau in ihrem Alter kennengelernt, mit der sie mal etwas unternehmen konnte. Fanni war zwar eine total Liebe, und Sophie freute sich immer, wenn sie sich über den Weg liefen, aber die Wirtin der »Wilden Gams« war nicht nur über zwanzig Jahre älter als sie, sondern mit ihrem gutgehenden Gasthaus gerade abends total eingespannt. Und obwohl Fanni unbedingt mal mit ihr ins Kino gehen wollte, war ihr bis jetzt doch immer eine größere Feiergesellschaft dazwischengekommen. Blieb noch die Katrin. Na ja, die traf sie natürlich oft auf dem Hof, aber eine freundschaftliche Nähe zwischen ihnen wollte sich einfach nicht einstellen.

Wenn Sophie ehrlich war, musste sie auch zugeben, dass sie beide zwei völlig unterschiedliche Frauen waren. Die Boutiquenbesitzerin, die es immer eilig hatte oder zumindest so tat, als ob sie schwer beschäftigt wäre – auch dann, wenn sie bloß in einer Illustrierten blätterte –, nervte sie sogar ein wenig. Da konnte sie sich noch so oft sagen, dass jeder seine Fehler hatte und man in jedem Menschen das Positive sehen musste, bei der Katrin fiel es ihr einfach unheimlich schwer, großmütig zu sein. Denn neben der Tatsache, dass sie Sophie ziemlich überheblich behandelte – oder bildete sie sich das nur ein – hatte sie einfach so gar kein Händchen für Klara und Franz. Anstatt sich mit den beiden hin und wieder zu beschäftigen, rollte sie schon mit den Augen, wenn die Kinder nur in ihre Nähe kamen. Manchmal hatte Sophie wirklich das Gefühl, als ob Katrin den bösen Stiefmüttern in den Märchen Konkurrenz machen wollte. »Jetzt sei nicht so gemein!«, rief sie sich dann regelmäßig selbst zur Ordnung.

Vielleicht war die Katrin einfach nur unsicher, was kleine Kinder anging. Außerdem konnte sich Sophie nur schwer vorstellen, dass ihr Chef eine Frau heiraten wollte, die seine Herzblätter ablehnte. »Na ja, vor ihm tut sie ja auch immer recht lieb und spielt die Arme, weil die zwei nicht gerade herzlich sind zu ihr«, schoss es Sophie auch jetzt kurz durch den Kopf.

Schnell schüttelte sie diese Gedanken ab und wandte sich Lisa zu. »Entschuldige!«, sagte sie schuldbewusst. »Ich denk fast jeden Tag an dich und nehme mir ganz fest vor, dass ich dich dann am Abend anrufe.«

»Aber geh! Und warum tust du es dann nicht?«, rief ihre Freundin gespielt entrüstet aus.

»Weil ich wie ein Stück Holz ins Bett falle und auf der Stelle einschlaf. Wenn ich daran denk, dass ich die letzte Zeit in München oft die halbe Nacht lang wach gelegen habe.«

»Das hatte ja leider einen ganz bestimmten Grund.«

»Stimmt, aber hier bin ich so viel an der frischen Luft. Dann die Arbeit mit den Hühnern und Kühen …« Rasch drehte sie sich um, um zu schauen, ob Michael auch nicht in der Nähe war. »Du würdest es nicht glauben«, fuhr sie mit gesenkter Stimme fort, »mittlerweile stell ich mich im Stall gar nicht mehr so blöd an.«

Sie hörte Lisa lachen. »Weißt, dass ich mir dich sogar ganz gut vorstellen kann, als Landmädchen im Dirndl, mit der Heugabel in der Hand, einen Strohhalm zwischen den Zähnen.«

Sophie schaute amüsiert an sich herab. Kein Dirndl, sondern ihre üblichen Jeans, diesmal mit einer rot-weiß getupften Bluse, trug sie – und dazu wie gewöhnlich ihre geliebten Sportschuhe. Kein Wunder, dass Katrin ihr bereits einige Male vorgeschlagen hatte, sich in ihrer

Boutique nach etwas Schickem umzusehen. Zum Sonderpreis, wie sie betonte. Na ja, und jetzt hielt Sophie auch keine Heugabel in der Hand, sondern den Autoschlüssel von Michaels Geländewagen, weil sie nach ihrer Arbeit im Hofladen, wo heute die Kunden Schlange gestanden hatten, spät dran war. Da reichte die Zeit für einen Spaziergang runter ins Dorf leider nicht mehr. »Du, ich hole jetzt gleich Klara und Franz vom Kindergarten ab. Können wir vielleicht später plaudern?«, fragte sie mit einem hektischen Blick auf die Uhr. »Hundertprozentig ruf ich dich an und dann erzähle ich dir alles, was du über Dirndl und Heugabeln wissen willst. Und du schilderst mir ausführlich, wie es mit Tim läuft.«

Lisa lachte hell auf. »Ja, ja, schon gut. Aber wenn ich dir jetzt sage, worum es geht, wirst du mir wenigstens eine Minute zuhören.«

Beim letzten Satz war Lisas Stimme wieder ernst geworden und obwohl die Sonne warm vom Himmel schien, fröstelte Sophie auf einmal. So sehr sie das auch verwünschte, es konnte jetzt wieder nur um Sven gehen. Dabei hatte sie nach den letzten Telefongesprächen mit Lisa ein wenig aufgeatmet, sich ganz zaghaft dem Gedanken hingegeben, dass alles überstanden wäre.

»Geht es um Sven?«, hauchte sie mit heiserer Stimme in ihr Handy.

»Ja«, erklärte Lisa gerade heraus. »Aber jetzt krieg bitte keinen Schreck. Ich habe ihn schon ewig nicht mehr gesehen. Doch vorhin bin ich beim Kurt vorbeigegangen, er hat vor seiner Kneipe geraucht.«

»Und?«, fragte Sophie atemlos, die es im Moment gar nicht interessierte, ob der Kurt wieder zu rauchen begonnen hatte.

»Er hat mir erzählt, dass Sven wieder arbeitet und eine Freundin hat er auch.«

»Wirklich?« Sophie konnte ihr Glück gar nicht fassen. Ob man den Fels, der eben von ihrer Brust gerollt war, auch noch unten in Ellmau krachen hören konnte? Sven hatte einen Job, eine Freundin und offensichtlich das Interesse an ihr verloren.

»Der Spuk ist endgültig vorbei, meine Liebe«, sprach Lisa es laut aus.

»Und du kannst mir glauben, ich bin überglücklich darüber. Danke, danke, danke!« Sophie schrie die Worte fast heraus. »Und heute Abend rufe ich dich ganz bestimmt an. Ab 6 Uhr hab ich frei, dann passt es mir wirklich gut! Bis dann, ja?!«

»Ich werde das Telefon nicht aus den Augen lassen«, antwortete Lisa amüsiert.

»Servus!«

Mit Tränen in den Augen, diesmal nur vor Glück, drückte Sophie auf die Aus-Taste, hätte am liebsten die ganze Welt umarmt. Na ja, im

Moment fing sie eben bei der Sissi an, die gerade neben ihr saß, offensichtlich in der Hoffnung, dass sie mit ins Auto durfte. »Aber sicher darfst du mit mir die Klara und den Franz abholen!«, raunte Sophie dem Collie zu und drückte ihn nicht nur an ihre Brust, sondern ihm auch noch ein Busserl auf den Kopf. »Von jetzt an wird alles gut.«

Am Nachmittag saß Sophie mit den Kindern vorm Haus und bastelte Einladungskarten für Klaras Kindergeburtstag, der bald stattfinden sollte. Mit konzentrierten Gesichtern klebten das Mädchen und Franz Piraten-Sticker auf die bunten Karten, den Text würde Sophie beisteuern. »Und wir dürfen uns alle als Piratenprinzessinnen verkleiden?«

»Ja, aber sicher. Morgen fahr ich nach Kitzbühel und kaufe Kostüme ein.«

»Aber vergiss nicht, dass ich ein Pirat bin!«, erklärte Franz mit erhobenem Zeigefinger.

»Auf keinen Fall!«, lachte Sophie und strich ihm über die kurzen, dunklen Locken.

»Es gibt Kostüme für Piraten und Piratinnen, jeder darf sich aussuchen, was er anziehen will.«

»Das wird eine tolle Party«, sagte Klara, um gleich darauf glücklich aufzuseufzen.

»Na, was stöhnst du so, mein Mäuschen«, ertönte in der nächsten Sekunde Michaels amüsiert klingende Stimme.

Fast unmerklich zuckte Sophie dabei zusammen, so unerwartet einen Mann hinter sich sprechen zu hören. Doch in der nächsten Sekunde fiel ihr wieder das Telefonat mit Lisa ein – und eine wahre Glückswelle durchflutete sie. Es schien noch so unwirklich, aber sie war frei! Einfach frei! Offenbar spiegelte sich diese Erleichterung auf ihrem Gesicht wider, denn Michael, der sich neben sie auf die Bank gesetzt hatte, musterte sie mit einem breiten Lächeln. »Ich hab das Gefühl, langsam fühlst du dich wirklich schon ein bisschen zu Hause bei uns.«

»Und ob!«, antwortete Klara an Sophies Stelle. »Wir haben die Sophie doch total lieb, und sie macht für mich die allerschönste Geburtstagsfeier auf der ganzen Welt.«

Franz, der Sophie gegenübersaß, warf fast ein bisschen vorwurfsvoll ein: »Aber wenn ich im Oktober Geburtstag hab, gibt's für mich und meine Schulfreunde auch so ein schönes Fest!«

»Aber sicher«, antwortete Sophie spontan, bevor sie einen Blick in Richtung ihres Chefs wagte. Sie würde doch im Herbst auch noch hier arbeiten, oder?

Michael schien Gedanken lesen zu können, denn kurz drückte er ihre Hand. »Ich hoffe wirklich sehr, dass du recht lange bei uns bleibst.«

»Von mir aus sehr gerne.«

Seine schönen grüngrauen Augen schienen zu lächeln. »Das freut mich. Mit dir ist hier alles irgendwie heller.«

Sie musste schlucken, so sehr freute sie sich über das Kompliment. »Aber geh«, sagte sie rasch und zog eine Grimasse.

Und jetzt war sie fast froh darüber, dass Katrin mit ihrem Cabrio und quietschenden Reifen auf den Hof einbog. Wie immer recht rasant. Aber zum Glück saßen die Kinder am Tisch, und Sissi lag darunter.

»Grüß euch!«, rief sie der Gruppe beim Aussteigen zu. Dann stöckelte sie auf hohen Absätzen auf ihren Verlobten zu. »Na, Schatzi?«, gurrte sie wie ein Täubchen, schlang dabei die Arme um ihn.

»Wir sind heute Abend zum Candle-Light-Menü im Parkhotel eingeladen. Du weißt doch, dass ich mit dem Direktor dort gut steh. Wir müssen nur die Getränke bezahlen, Schatzilein.« *Gurr, gurr …*

Sophie, die Katrins Liebesbekundungen seltsam nervig fand, stapelte schnell die Einladungskarten auf einen Haufen. Und dass Klara und Franz nicht mal persönlich begrüßt wurden, verstand sie auch nicht. Da brauchte sich Katrin nun wirklich nicht aufzuregen, wenn die beiden nicht viel von ihr hielten.

»Kinder, ich schau mal in den Kuhstall, ob genug Heu da ist.«

Im Weggehen hörte Sophie noch, wie Michael sagte: »Du, heute geht das nicht, Sophie hat ihren freien Abend.«

Als Antwort kam etwas, das sich wie eine Mischung aus Brummen und Grunzen anhörte. Sollte nicht ihr Problem sein. Oder doch? Denn keine fünf Minuten später stand Katrin in der Stalltür, ein zuckersüßes Lächeln auf ihrem Gesicht. »Sophie, würde es dir etwas ausmachen, wenn du heute Abend auf die Kinder aufpasst? Weißt, der Michael kommt ja fast gar nie raus, und du hast ja ohnehin keine …« Mitten im Satz stockte sie, was vielleicht auch daran lag, dass Sophie sie völlig verdutzt anstarrte. Katrin hatte doch nicht etwa sagen wollen: »Du hast ja ohnehin keine Freundin«. So unsensibel konnte doch nicht mal sie sein!

»Muh!«, bekräftigte Resl, eine der zwölf Milchkühe, laut Sophies Gedanken. Worauf diese nicht übel Lust bekam, einfach »Nein« zu sagen.

»Es wäre echt sehr lieb von dir«, seufzte jetzt aber Katrin. »Und dafür hast du dann morgen Abend frei.« Eifrig fügte sie noch hinzu: »Was hältst du davon, wenn ich die Irmi frag, ob sie sich mal mit dir treffen will. Die ist eh schon neugierig auf dich. Also, am besten kommst du morgen endlich mal ins ›Capri‹, dann könnt ihr euch kennenlernen. Und vielleicht findest ja auch was Fesches zum Anziehen.«

Nicht gerade unauffällig ließ Katrin, die an diesem Tag ein kurzes roséfarbenes Wildlederkleid und gleichfarbige Stiefeletten trug, ihren Blick über Sophies Jeans-Outfit wandern. Am liebsten hätte die ihr, zugegeben mehr als kindisch, die Zunge rausgestreckt. Ihr doch egal, wenn die Boutiquenbesitzerin nur in *Gucci* und *Versace* zu Hause war, sie selbst fühlte sich eben in ihren eigenen legeren Sachen wohl! Basta! Verärgert pustete sie sich eine Strähne aus der Stirn, wollte eigentlich schon sagen, dass sie heute sehr wohl etwas vorhatte. Fanni fragte ohnehin öfters, ob sie nicht mal zum Abendessen in die »Wilde Gams« vorbeikommen wollte, doch dann siegte wieder mal ihre Gutmütigkeit: »Okay, ich bleib heute bei den Kindern und nehme mir dafür halt morgen frei.«

Katrin biss sich auf die Unterlippe. »Na ja, morgen würde ich mit dem Michael gerne …« Als sie Sophies gerunzelte Stirn bemerkte, lenkte sie sofort ein. »Nein, nein, morgen gehst du aus. Vielleicht verstehst dich ja mit der Irmi, und ihr zwei unternehmt zusammen was.« Sie brachte noch ein schiefes Grinsen zustande, dann schulterte sie mit Schwung ihre Handtasche, die sie eben noch geöffnet an ihrer Hand hatte baumeln lassen. Ein weißer Flyer fiel dabei heraus.

»He«, begann Sophie und zeigte auf das Papier, das durch die Luft auf den Stallboden segelte. Aber Katrin war bereits verschwunden, bloß ihre blumig-süße Parfumwolke war geblieben. »Da hat wohl jemand Angst gehabt, dass ich es mir doch noch anders überlege«, schmunzelte Sophie, als sie den Flyer aufhob und in die Gesäßtasche ihrer Hose steckte. Sie würde Katrin den Zettel später zurückgeben.

»Schlaft's gut, meine Mädels!«, verabschiedete sie sich von den Kühen, nachdem sie kontrolliert hatte, ob sie auch wirklich genug frisches Wasser und Heu hatten. Der Resl tätschelte sie auch noch den Kopf. Süß, wie die gefleckte Kuh sie aus großen Augen sanft anschaute. Ja, am Anfang hatte sie einen gehörigen Respekt vor den riesigen Viechern gehabt, musste sich wirklich überwinden keinen Riesenbogen um sie zu machen. Schließlich hatte sie sich doch bei ihren Großeltern – haha – besonders gerne um die Kühe gekümmert. Zu dumm, immer mehr ärgerte sie sich über ihre gar so dick aufgetragenen Lügen. Zumindest ließen sich bis jetzt noch ihre nicht vorhandenen Melkkünste mit einer großen Portion blühender Fantasie verbergen: Mal verursachte ihr eine Sehnenscheidenentzündung Probleme an der rechten Hand. Dann war ihr schwindelig gewesen und, ach ja, im Knie hatte es auch einmal gezwickt. Wenn das so weiterginge, würde Michael sie noch ins Krankenhaus bringen. Ein wenig wunderte es sie ohnehin, dass er bei ihren Flunkereien so ruhig blieb, ja, manchmal sogar ein wenig amüsiert wirkte: »So, so, das Knie«, hatte er mit hochgezogenen Augenbrauen wiederholt, »dann leg' dich besser ein bisschen hin.«

»Und wir pflegen dich!«, hatte Klara gerufen.

»Nein, um Himmels Willen!«, hatte Sophie erschrocken aufgeschrien und war – natürlich leicht humpelnd – davongestürmt.

So, aber jetzt sah bei den Kühen alles gut aus, satt und gemolken standen sie da. Sie schlüpfte rasch zur Tür hinaus. Bevor sie um die Ecke bog, um zum Haupthaus zu gelangen, drangen die Stimmen von Katrin und Michael zu ihr hinüber. Natürlich wusste Sophie, dass es grundfalsch war, hier zu warten und einfach zu lauschen, doch ihre Beine wollten sich nicht bewegen.

»Ich habe kein gutes Gefühl dabei, wenn wir der Sophie ihren freien Abend wegnehmen«, sagte Michael. »Außerdem können wir es uns alle zu Hause gemütlich machen. Wir wollten doch mit den Kindern Pizza backen.«

»Aber geh!« Katrins Stimme klang eindeutig gereizt. »Sie hat es mir aus freien Stücken angeboten!«

Hinter der Stallecke wartend zog Sophie eine Augenbraue hoch. Ganz so war es nun nicht gewesen, aber *sie* wollte jetzt bestimmt nicht zum Moralapostel werden, was den Umgang mit der Wahrheit betraf.

»Michael, wir brauchen doch auch einmal Zeit nur für uns. Immer sind die Kinder dabei.«

»Stören sie dich etwa?« Nun hörte sich Michaels Stimme ärgerlich an. »Du weißt doch, dass die beiden das Wichtigste sind in meinem Leben.«

»Jetzt sei doch nicht so dumm! Natürlich liebe ich die zwei Süßen, und stören tun sie mich ganz und gar nicht.« Ein dramatisches Seufzen war zu vernehmen. »Aber als junges Paar braucht man auch einfach mal Zeit für sich, weißt, und wir haben schon lange nicht mehr über die Hochzeit gesprochen.«

»Ehrlich gesagt finde ich …«, Michael räusperte sich, »… dass wir uns mit der Hochzeit ruhig noch Zeit lassen können. So lange kennen wir uns noch gar nicht. Es rennt uns doch nichts davon.«

Bei diesen Worten zuckte sogar Sophie zusammen, sie wollte gar nicht wissen, wie die Katrin jetzt dreinschaute. Nun tat ihr die andere sogar leid, denn solche Worte wollte eine verliebte Frau nun wirklich nicht hören. Oh, leises weibliches Weinen ertönte. Immer unbehaglicher fühlte sich Sophie in ihrem Versteck – aber was sollte sie jetzt machen? Einfach hervorplatzen und damit eingestehen, dass sie das ganze Gespräch mitangehört hatte? Sicherlich nicht. Hoffentlich gingen die beiden bald. Mmh, im Moment noch nicht, denn nun meldete sich erneut Katrin mit bebender Stimme zu Wort: »Aber wir wollten doch eine Familie sein, du, die Kinder und ich.«

»Die Kinder haben alles, was sie brauchen und inzwischen habe ich fast das Gefühl, als ob du ihnen sogar aus dem Weg gehst.«

»So ein Blödsinn!«, parierte Katrin mit einer sich vor Empörung überschlagenden Stimme. »Aber die Sophie drängt sich ja so dazwischen. Wahnsinnig besitzergreifend ist sie.«

Sophie verdrehte die Augen, dann starrte sie auf ihre vom Stall schmutzigen Schuhspitzen. Das alles wollte sie wirklich nicht hören. Und besonders nett fand sie es von Katrin auch nicht, sich auf sie rauszureden, wo doch eigentlich ein Blinder sehen konnte, dass sie einfach keinen Draht zu den Kindern hatte.

»Ich liebe die Klara und den Franz«, säuselte sie nun. »Aber hin und wieder wäre ich auch gern mit ihrem feschen Vater zusammen. Kannst du das verstehen?«

»He, dann gehen wir heute zu dem Candle-Light-Dinner. Das wird sicher, na ja, sehr interessant werden«, lenkte Michael schließlich ein.

»Schön …«

Dann hörte man eine Weile nichts mehr außer dem Geräusch zarter Küsse. Sophie drehte sich vor Peinlichkeit fast der Magen um. Oder war es vielleicht noch mehr als das? So leise wie möglich schnappte sie nach Luft. Einfach tief durchatmen. Endlich, endlich hörte sie, wie sich die Schritte der beiden entfernten, wagte aber noch nicht, einen Blick um die Ecke zu werfen. Mit geschlossenen Augen lehnte sie sich an die Außenwand des Stalls und merkte erst jetzt, dass ihre Wangen geradezu glühten.

»So, das wird jetzt eine Salamigesicht-Pizza!«, rief eine halbe Stunde später Franz vergnügt aus.

Neben Klara und Sophie saß er am großen Küchentisch und belegte den von Sophie vorbereiteten Teigboden, während seine Schwester eifrig dabei war, Unmengen von leuchtend gelben Maiskörnern auf ihre »Sonnenblumenpizza« zu leeren. »Hab ich erfunden«, sagte die Kleine stolz. »Bombenrezept!«

Erleichtert betrachtete Sophie die beiden Kinder, die vorhin doch ziemlich enttäuscht dreingeschaut hatten, als ihr Papa mit der Katrin davongefahren war zu diesem ach so romantischen Candle-Light-Dinner. »He! Jetzt sei nicht so fies!«, rief sich Sophie in Gedanken selbst zur Ordnung. Sollten die beiden doch miteinander glücklich werden, sie ging das rein gar nichts an. Und der Katrin musste man wohl einfach glauben, dass sie die Kinder gern hatte. Manche Dinge brauchten einfach ihre Zeit. Gedankenverloren ließ Sophie geriebenen Mozzarella auf ihre Pizza rieseln, als sie auf einmal ein Motorengeräusch vor dem Haus hörte. Eines, das eindeutig von einem kleineren Auto als Michaels Geländewagen kam. Sissi, die eben noch schlafend in ihrem Korb gelegen war, begann entrüstet zu bellen. Alarmiert beschleunigte sich Sophies Puls, während sich ihre Nackenhärchen aufstellten. Es würde doch nicht … es konnte doch unmöglich … Den Gedanken wagte sie gar nicht erst zu Ende zu denken, als es auch schon an der Tür klingelte. »Wer ist das denn um diese Zeit?«, fragte Franz und hob neugierig den Kopf.

»Keine Ahnung«, versuchte sie gleichmütig zu klingen, stolperte jedoch vor lauter Aufregung beim Aufstehen fast über ihre Beine. Mit unsicheren Schritten ging sie hinaus in den Flur, Sissi mit aufmerksam aufgestellten Ohren an ihrer Seite. Sollte sie überhaupt öffnen? Was, wenn es wirklich Sven war, der sie, wie auch immer, ausfindig gemacht hatte? Bestimmt kein Zufall, dass er gewartet hatte, bis sie mit den Kindern alleine war. »Aber Lisa behauptete doch, nichts mehr von ihm gehört zu haben«, versuchte sie sich Mut zu machen. Tja, leider half das nicht. Unschlüssig stand sie schließlich vor der Haustür.

»Sophie?«, hörte sie von draußen auf einmal eindeutig eine weibliche Stimme, die ihr noch dazu bekannt vorkam. Schnell drehte sie den Schlüssel im Schloss um und öffnete die Tür. »Ja, Sophie«, sagte da Fanni Wabinger.

»Du schaust ja aus, als ob ich dich ganz schön erschreckt hätte. Tut mir leid, dass ich so spät noch daher komm. Ich will dich auch gar nicht lang stören.«

Sophie, die vor lauter Erleichterung die Fanni am liebsten umarmt hätte, lachte auf. »Aber geh! Ist doch erst kurz vor acht! Willst nicht reinkommen auf ein Stückerl Pizza?«

»Nein, nein, ich wollt nur Danke sagen!«

Jetzt erst sah Sophie, dass Fanni einen hübschen kleinen Strauß aus rosa Ranunkeln und weißen Tulpen in der Hand hielt. Verwirrt strich sich die Münchnerin eine kastanienbraune Strähne aus der Stirn. »Aber wofür willst dich denn bedanken?«

Fanni lächelte und hielt ihr den Strauß entgegen. »Dafür, dass du uns geholfen hast, unsere dummen alten Familienstreitereien zu begraben. Ich hab die Margarete angerufen und sie eingeladen und sie ist wirklich gekommen, und wir haben ewig lang miteinander getratscht.«

»Aber ich hab doch nur Grüße bestellt.«

»Tja, diese Grüße haben eben so einiges in Bewegung gesetzt.« Offenbar noch immer verwundert über die Geschehnisse schüttelte Fanni den Kopf, dass die Strähnen ihres dunklen Pagenkopfes wild hin- und herflogen. »Ist schon ein Wahnsinn, wie man die Kriege seiner Eltern fortführt. Dabei haben die Margarete und ich ja am Anfang gar nix gegeneinander gehabt.«

»Schön, dass ihr euch wieder versteht«, sagte Sophie mit warmer Stimme. »Die Blumen sind irrsinnig schön. Willst du wirklich nicht reinkommen?«

Fanni drückte sie kurz an sich. »Nein, nein, in der ›Wilden Gams‹ geht's wieder ganz schön zu. Aber ein anderes Mal setzen wir uns gemütlich zusammen, ja?«

»Sicher, gern«, sagte Sophie und winkte der Wirtin, als die in ihr Auto stieg, lächelnd zu.

Von drinnen hörte sie Kinderstimmen. »Sophie! Wer war's denn? Wir sind fertig mit belegen!«

»Ich komm ja schon!«, rief sie ins Haus und lächelte versonnen.

Das Leben konnte so wunderbar leicht sein.

Eine Stunde später ärgerte sich Lisa in München darüber, dass ihr das Leben schon wieder einen üblen Streich spielte. Tim Bergmann, der Kinderbuchautor, mit dem sie zwei wunderschöne Wochenenden verbracht hatte, meldete sich seit einigen Tagen gar nicht mehr. Zu Sophie mittags am Telefon hatte sie noch nichts darüber gesagt, weil die Freundin so in Eile gewesen war. Doch jetzt würde sie sich nur allzu gerne bei ihr ausheulen. Wie zum Trotz blieb das Telefon, obwohl sie es seit einer Stunde fixierte, still. Kein Tim rief an und auch keine Sophie. Nachdenklich nippte Lisa an ihrer Teetasse und zündete ein weiteres Räucherstäbchen an. Aber diesmal wollten diese kleinen Entspannungstricks einfach nicht zünden. Was, bitteschön, hatte sie denn diesmal falsch gemacht? War sie zu begeistert gewesen? Andere Frauen hätten wohl eher die Eiskönigin gespielt, um sich interessanter zu machen. Aber das konnte sie nicht, ihre Verstellungskünste waren einfach miserabel. Und jetzt hatte sie Tim mit ihrer Anhänglichkeit vergrault. Frustriert stöhnte sie auf. Wäre sie diesem Mann doch nie begegnet, denn im Grunde hatte sie sich bereits damit abgefunden, dass sie in Liebesdingen unerfüllt blieb, ihre Beziehungen meist nur flüchtige Affären waren.

»Bah, ich interessier mich doch auch nicht mehr für dich!«, sagte sie laut in ihr leeres Wohnzimmer.

Lachhaft, wo ihr ganzer Körper sich nach seinen Umarmungen sehnte. Wieder und wieder ließ sie im Geiste ihr letztes Treffen Revue passieren.

»Ich hab viel zu arbeiten in nächster Zeit, aber danach melde ich mich ganz schnell«, hatte Tim an der Tür gesagt, nicht ohne sie danach leidenschaftlich zu küssen. Diese Art von Kuss, bei dem es einen von den Zehen bis zu den Haarspitzen erschüttert. Und jetzt musste sie sich eingestehen, dass das wohl schon seine Verabschiedung gewesen war. So ein Feigling! Doch jetzt klingelte das Telefon. Atemlos griff sie danach, nur um gleich darauf enttäuscht zusammenzusinken.

»Hallo Sophie«, sagte sie niedergeschlagen.

»Was ist denn los mit dir?«, hörte sie die besorgt klingende Stimme der Freundin.

»Mit Sven hat es nichts zu tun«, beruhigte Lisa sie sofort.

»Aber mit Tim, stimmt's?«

»Ja.« Der Seufzer klang so tief, dass man ihn vermutlich noch bis nach Tirol hören konnte.

»Dann erzähl mal«, sagte Sophie, die eben die Kinder ins Bett gebracht hatte, mit mitfühlender Stimme.

Lisa ließ sich nicht zweimal bitten und legte los. Eine gute halbe Stunde erörterten sie ausführlich Tims Verhalten, und als sich Sophie mit einem »Kopf hoch, bestimmt wird sich alles richten«, verabschiedete, ging es Lisa tatsächlich schon um einiges besser.

In ihrem neuen Zuhause in Ellmau ließ sich Sophie Lisas Geschichte noch mal durch den Kopf gehen. Was ihre Freundin von Tim erzählt hatte, ließ tatsächlich darauf schließen, dass der Autor sie richtig gern hatte: Frühstück im Bett, Theaterkarten für »Romeo und Julia« … Einfach total süße Aufmerksamkeiten, die man doch nur für jemanden parat hatte, in den man bis über beide Ohren verliebt war. Gedankenverloren schlüpfte sie aus ihrem T-Shirt. Wieder mal todmüde wollte sie auch gleich ins Bett gehen, vielleicht noch ein wenig in ihrem Krimi schmökern. Als sie ihre Jeans auszog, hörte sie es plötzlich knistern. Ach ja, diesen Flyer, der Katrin vorhin im Stall aus der Tasche gefallen war, hatte sie ja völlig vergessen. Nun wollte sie, auch wenn das ganz schön neugierig von ihr war, doch einen Blick darauf werfen. In der nächsten Sekunde erstarrte sie. Blinzelte wie verrückt, weil auf einmal die Buchstaben vor ihren Augen zu tanzen anfingen. Nein, das konnte einfach nicht wahr sein …

7

»Du bist sicher die Sophie, nicht wahr?« Die schlanke Verkäuferin mit den kurzen roten Haaren, die ihr am nächsten Vormittag in Katrins Modeboutique mit einem herzlichen Lächeln die Hand entgegenstreckte, war Sophie auf Anhieb sympathisch. Obwohl sie ein schickes hellgrünes Etuikleid und hohe Absätze trug, sah sie kein bisschen aufgedonnert aus, sondern einfach nur elegant. Was vielleicht auch daran lag, dass sie nur dezent geschminkt war und ihr breites Grinsen alles andere als damenhaft wirkte.

»Ja, wie hast du denn das sofort rausbekommen?«, fragte Sophie lachend.

»Weibliche Intuition vielleicht?« Irmi zwinkerte ihr zu. »Oder es liegt daran, dass die Katrin dich angekündigt hat. Ich bin übrigens die Irmgard, aber alle sagen Irmi zu mir.« Die zwei Frauen lächelten sich an, dann machte Irmi eine ausladende Handbewegung. »Was darf es denn sein?«

Mit zusammengekniffenen Augen musterte sie die Münchnerin von oben bis unten. »Anziehen kannst bei deiner Figur ja alles. Bist aber wohl eher der sportliche Typ.«

»Ja«, sagte Sophie geistesabwesend, während sie zwischen den Regalen und Kleiderständern nach der Chefin Ausschau hielt. »Ist die Katrin gar nicht da?«

»Nein«, grinste Irmi. »Sie hat sich mit dem Clemens Traubner, dem Direktor des Parkhotels, auf einen Kaffee getroffen.« Schulterzuckend fügte sie hinzu: »Offenbar hilft sie ihm bei der Deko vom Hotelfoyer.«

»Aha«, sagte Sophie und wusste nicht, ob sie darüber froh oder enttäuscht sein sollte. Einerseits legte sie gerade jetzt wirklich keinen großen Wert darauf, mit Katrin, die in der letzten Nacht nicht auf dem Hafner-Hof geschlafen hatte, zu sprechen. Schon gar nicht, nachdem sie den Flyer gesehen hatte. Andererseits wäre gerade jetzt eine Aussprache wichtig gewesen. Denn vielleicht handelte es sich ja um puren Zufall, dass Katrin einen Werbeprospekt von einem Bubeninternat in Innsbruck mit sich herumschleppte. Ein Internat, in das auch schon Erstklässler gehen konnten. Sophie schluckte. Alleine beim Gedanken daran, dass Katrin den kleinen Franz in ein Internat stecken wollte, wurde ihr bereits übel. Nein, es konnte sich nur um einen Irrtum handeln.

»Was hältst du von dem da?«, riss Irmi sie aus ihren finsteren Überlegungen.

Verwirrt betrachtete Sophie das hellblaue Frühlingskleid mit zarten weißen Tupfen aus einem duftigen Stoff. »Sehr hübsch«, sagte sie. »Aber ehrlich gesagt wüsste ich gar nicht, wann ich das anziehen soll.«

»Vielleicht wenn du ausgehst am Abend?«

Irmi zwinkerte ihr zu. »Ich hab übrigens einen sehr netten Bruder, den Christoph. Der wohnt wie ich in Ellmau und könnte dir gefallen.«

Abwehrend, aber hellauf lachend, hob Sophie die Arme. »Ach du Schreck, ich hab ja gar nicht gewusst, dass es hier bei euch in der ›Capri‹-Boutique eine Rundumbetreuung gibt, also die Partnerbörse gleich dabei.«

»Gelt, da schaust!«

»Und wie! Vorsichtig ausgedrückt habe ich keinen Bedarf an Männern. Absolut nicht.«

Irmi zwinkerte ihr zu. »Aber wenn du magst, können auch wir gerne mal zusammen ins Kino gehen oder uns auf einen Kaffee zusammensetzen.«

»Also, da sage ich schon mal Ja«, kam es prompt von Sophie, bevor sie auf einen Kleiderständer mit farbenfrohen Dirndln zusteuerte.

Die andere folgte ihr. »Ja, das sind wirklich fesche Dirndln. Modern und pfiffig, aber nicht ganz billig.«

»Oh, da hast du recht«, murmelte Sophie, nachdem sie einen Blick auf ein Preisetikett geworfen hatte. Selbst wenn ihr die Katrin einen saftigen Rabatt gewährte, läge die Summe immer noch weit über dem, was sie ausgeben wollte.

»Komm, probier einfach mal eines an«, drängte Irmi sie jedoch. »Dann kann man gleich einmal sehen, ob dir so was überhaupt steht.« Mit gerunzelter Stirn begutachtete sie ein Dirndl nach dem anderen. »Bei deinen schönen dunklen Haaren …« Sophie grinste schief, erst gestern hatte sie den blonden Ansatz nachgefärbt, »… wäre so ein smaragdgrünes schön.« Irmi hielt ihr ein zugegeben wunderschönes Stück mit zartem weißem Blumenmuster auf grünem Grund und einer seidigen, etwas dunkleren grünen Schürze hin.

»Ja, ich probiere es«, sagte Sophie überwältigt und huschte in eine der Umkleidekabinen. Ein Blick auf die Uhr sagte ihr, dass sie sich beeilen musste. Michael Hafner hatte sie mit nach Kitzbühel genommen, da er in einem Baumarkt einige Werkzeuge für den Hof besorgen wollte. In wenigen Minuten würde er sie wieder abholen. »Und ich hab' noch gar nicht mit der Katrin gesprochen«, dachte sie resigniert, als sie zuletzt noch die Schleife an der Schürze band.

»Na, jetzt bin ich aber gespannt«, drang Irmis Stimme durch den dünnen Vorhang.

»Ich komm ja schon.« Sophie schob den Vorhang zur Seite und trat heraus – um in der nächsten Sekunde zusammenzuzucken.

Michael stand vor ihr, musterte sie – und pfiff anerkennend durch die Zähne. Dabei wirkte er nicht mehr wie der 34-jährige Mann, der er war, sondern wie ein verschmitzter Jugendlicher. »Sehr hübsch! Das würde perfekt für unser Dorffest in ein paar Tagen passen.«

Sophie, die peinlich berührt den Blick abwandte, schüttelte den Kopf: »Nein, nein, ich kaufe es nicht. Sonst habe ich auch nichts gefunden, aber vielleicht ein anderes Mal.«

Hektisch verschwand sie wieder in der Umkleidekabine und zog den Vorhang zu. Als sie sich gegen die Wand lehnte, hämmerte ihr der Puls bis in die Ohren. Warum kapierte sie auch nicht …?

Keine Minute später trat sie wieder in Jeans und T-Shirt aus der Kabine. Verwirrt schaute sie sich um. »Wo ist denn der Michael?«

»Ah, der ist nur auf einen Sprung nebenan zum Bäcker gegangen. Er kommt gleich«, sagte Irmi, die jetzt duftige Chiffontücher zusammenlegte.

»Aha.«

In der nächsten Sekunde hörte Sophie, wie die Ladentür geöffnet wurde. Doch diesmal war es nicht Michael, sondern Katrin, die mit erhitzten Wangen die Boutique betrat. »Sophie! Dass du schon so früh kommst.«

Die Angesprochene verzog unmerklich den Mund. 10 Uhr war abgesprochen gewesen, jetzt war es kurz vor halb elf, aber bitte … Sie räusperte sich, nahm ihren ganzen Mut zusammen, als sie zu Katrin leise sagte: »Hast du einen Moment Zeit für mich? Ich muss dich etwas fragen. Es geht um einen Prospekt.«

Katrin kniff die Augen zusammen. »Natürlich.«

Irrte sich Sophie oder hatte das bedrohlich geklungen? Blödsinn. »Ich geh mal frische Luft schnappen«, erklärte Irmi da, die offensichtlich einen guten Riecher für die Anspannung hatte, die hier drinnen auf einmal in der Luft lag. An Sophie gewandt, sagte sie noch rasch: »Ich ruf dich später an, ja?«

Im nächsten Moment war sie auch schon zur Tür draußen und Sophie und Katrin standen sich in der Boutique alleine gegenüber. »Der Zettel hier ist dir gestern im Kuhstall aus der Handtasche gefallen«, sagte Sophie, die mit zittrigen Fingern die Werbung des Innsbrucker Internats aus ihrer Tasche gezogen hatte. »Keine Ahnung, was das zu bedeuten hat.«

Katrins Gesicht wurde abwechselnd rot und weiß, um schließlich in einer fast glühend roten Farbe zu verharren. »So ein Blödsinn! Der Zettel gehört mir gar nicht!« Ihre Stimme klang so schrill, dass sie wohl ohne Probleme Glas zum Zerspringen bringen konnte. Und als dann auch noch Michael, der eben hereingekommen war, seine Verlobte fragend betrachtete, überschlug sie sich geradezu. »Was glaubst du denn eigentlich!«, schrie Katrin die entsetzt dreinschauende Münchnerin an. »Willst mich wohl schlecht machen, du dummes Luder!?«

Ehe Michael einen Blick auf das Blatt Papier werfen konnte, hatte sie es Sophie aus der Hand gerissen und blitzschnell in winzige Teile zerrissen. »Ich muss arbeiten«, sagte sie dann schroff zu den beiden, was in Sophies Augen einem Rauswurf gleichkam.

»Wir gehen ja schon«, sagte Michael, dem seine Verwirrung anzusehen war. Flüchtig küsste er Katrin, die immer noch einen hochroten Kopf hatte, auf die Wange. »Bis heute Abend!«

»Ja, muss lang arbeiten«, murmelte die Angesprochene und drehte sich rasch weg. »Wird bestimmt spät.«

»Tschüss, Katrin«, sagte Sophie mit belegter Stimme.

Doch die andere verschwand ohne ein Wort im Hinterzimmer.

Zur selben Zeit in München saß Sven an seinem Schreibtisch und tauschte heiße Blicke mit Yvonne, der Sekretärin, mit der er seit Kurzem zusammen war, aus. »Du, ich muss jetzt aber auch mal arbeiten«, kicherte die zarte Blondine, vom Aussehen her Sophie nicht unähnlich, bevor sie sich wieder hinter ihren Computerbildschirm zurückzog.

Sven runzelte zwar die Stirn, machte dann aber eine gute Miene. Die Kleine war ihm doch ohnehin verfallen. Ja, er brauchte nur mit den Fingern zu schnipsen, dann käme sie angerannt. So, wie es eben sein sollte. Okay, dann sollte er sich wohl auch wieder den Bauzeichnungen zuwenden. Im Grunde ein Klacks für ihn, auch wenn er im Klartext die eine oder andere Aufgabenstellung nicht richtig verstanden hatte. Unauffällig ließ er den Blick durch das Großraumbüro schweifen. Wie alle hier wie die Lemminge an ihren Schreibtischen hockten und stur an ihren Berechnungen hingen. Im Gegensatz zu ihm, der einfach den Blick für das Ganze besaß.

Georg kam vorbei und boxte ihm freundlich gegen die Schulter. »Alles roger bei dir? Oder kann ich dir irgendwie helfen?«

»Also, bitte.« Sven rollte mit den Augen. »Diese Berechnungen hier mach' ich dir im Schlaf, genau genommen im Tiefschlaf.«

»Ach so?«

Georg zog eine Augenbraue zweifelnd in die Höhe. Eine dermaßen herablassende Geste, dass Sven ihm am liebsten eine schallende Ohrfeige verpasst hätte. So ein Idiot aber auch! Natürlich hielt er sich zurück, so wie er sich die letzten Wochen zurückgehalten hatte. Sonst hätte er wohl seinen lieben Kollegen und dem Chef längst erklären müssen, dass sie in seinen Augen so was von daneben waren. Immer dieses von oben herab! Statt seine Cleverness zu loben, kamen nur gute Ratschläge! Dabei war es doch nur natürlich, dass er sich hier erst mal einarbeiten musste! Wäre doch keinem von diesen Rindviechern hier anders ergangen. Trotzdem musste er freundlich bleiben, durfte sich nicht ansehen lassen, was er von den Leuten hier hielt. »Danke, ich mache einfach weiter und frage dich später, wenn ich mir wo unsicher bin.«

»Alles klar, Kumpel!«

Georg tippte sich an die Stirn und ging wieder zu seinem eigenen Schreibtisch zurück. Aus dem Augenwinkel sah Sven, wie er Yvonne zuzwinkerte. Und die grinste auch noch zurück. Sie flirtete doch nicht mit Georg? Oder machte sie sich etwa gemeinsam mit dem Deppen über ihn lustig. Das würde sie ihm doch nicht antun? Unter dem Tisch ballte er die Fäuste. Später mit ihr alleine würde er ein ernstes Wörtchen mit ihr reden müssen.

Auf der Rückfahrt nach Ellmau saß Sophie neben Michael schweigend im Geländewagen, schaute stur zum Seitenfenster hinaus. Vorhin hatte er sie bereits angesprochen und gefragt, was denn im Laden mit der Katrin losgewesen wäre. Und sie hatte mit einem gequälten Lächeln geantwortet: »Nur ein dummes Missverständnis zwischen uns. Wenn die Katrin am Abend auf den Hof kommt, können wir das bestimmt ganz rasch klären.«

Augenscheinlich ratlos kratzte er sich im Nacken. »Und du kannst mir bestimmt nicht sagen, worum sich euer Streit gedreht hat?«

Sie wandte den Kopf in seine Richtung, sah in seine schönen grüngrauen Augen. Mannomann, dieser Blick ließ sie ganz schwummrig werden. Zum Glück musste ihr Chef wieder auf die Straße schauen. Mist, eine rote Ampel – und wieder dieser fragende Blick. »Nein, ich kann nicht darüber reden. Das müssen die Katrin und ich klären.«

Entschuldigend zuckte sie mit den Achseln. Einen Teufel würde sie tun und von dem Internatsflyer erzählen. Erstens war sie keine Petze und zweitens wusste sie ja gar nicht, ob Katrin den kleinen Franz tatsächlich dorthin stecken wollte. Es konnte nun wirklich ein totaler Zufall sein. Manchmal drückten einem doch alle möglichen Leute beim Einkaufen Werbeflyer in die Hand, die man dann achtlos in die Handtasche steckte. Verdächtig war nur Katrins aufgebrachte Reaktion gewesen. Diese Wut, die sich vor allem als Zorn darüber, ertappt worden zu sein, zeigte. So war es Sophie zumindest vorgekommen. Egal, sie würde ganz bestimmt keine Krise zwischen Michael und seiner Holden provozieren, dieser Schuss konnte nur nach hinten losgehen. Außerdem war sie sich ohnehin sicher, dass

Michael sein Kind niemals in ein Internat schicken würde.

»Das Wetter morgen soll fantastisch werden«, riss er sie jetzt aus ihren Gedanken. »Was hältst du davon, wenn wir alle zusammen eine kleine Wanderung unternehmen?«

Fast wäre ihr rausgerutscht: »Katrin auch?« Im letzten Moment konnte sie sich noch auf die Unterlippe beißen. »Ja, das wäre echt nett. Dann kann ich gleich meine tollen neuen Wanderschuhe einweihen.«

Dankbar darüber, dass er das Thema gewechselt hatte, strahlte sie ihn an. Und er lächelte zurück. Fast fühlte es sich an, als ob sein Lächeln direkt in ihr Herz treffen würde.

Später am Nachmittag halfen Klara und Franz Sophie beim Verkaufen im Hofladen. Michael, dem es fast peinlich war, dass Sophie seiner Meinung nach viel zu viel arbeitete, steckte zum wiederholten Mal den Kopf zur Tür rein.

»Du, die Irmi hat angerufen, sie würde sich gerne heute Abend mit dir auf einen Drink treffen. Willst sie zurückrufen?«

Er hatte ein Blatt Papier mit der Telefonnummer auf den Verkaufstresen gelegt, scheuchte Sophie, die für eine Touristin aus Passau eben ein großes Stück Bergkäse abwog, gespielt streng zur Seite. »Jetzt ist aber mal gut mit Arbeiten. Sonst bin ich hier bald als Sklaventreiber verschrien.«

»Nein, das macht uns doch Spaß!«, lachte Klara. »Wir spielen alle Kaufmannsladen!«

Sophie zog eine schiefe Grimasse. »Genau! Und das nächste Stück Käse darf die Klara abwiegen.«

Die Kundin lachte in die Richtung von Franz. »Und du kannst mir vielleicht noch zehn Eier einpacken?«

»Aber sehr gerne!«, sagte der Bub in kaufmännisch professionellem Ton. »Die sind von unseren glücklichen Henderln.« Mit ernstem Gesicht hielt er ein Ei in die Höhe und betrachtete es konzentriert. »Das ist sicher von der Josefa.«

»Ja, so was aber auch. Du bist wohl ein kleiner Zauberer, oder?«, lachte die Touristin.

»Damit kannst du ja im Zirkus auftreten!«

»Das hab ich mir doch nur ausgedacht«, sagte Franz ehrlich. Dabei schüttelte er den Kopf, nach dem Motto »Die Erwachsenen glauben einem aber auch jeden Blödsinn.«

Die Erwachsenen sahen sich grinsend an, dann stupste Michael Sophie in die Seite. »So, jetzt ist Schluss für dich. Du rufst jetzt endlich die Irmi an!«

»Alles klar«, gab sie sich geschlagen, schnappte sich den Zettel und verabschiedete sich von der Runde.

Als sie leichtfüßig über den Hof trippelte, bekam sie sogar richtig Lust, sich am Abend mit der Irmi in einem netten Lokal auf ein paar Stündchen zusammenzusetzen.

»Du, bei mir kündigt sich gerade eine ganz blöde Grippe an. Ich bin völlig zerschlagen«, sagte die jedoch nur Minuten später am Telefon. »Und morgen muss ich arbeiten.«

»Du Arme!«, rief Sophie aus, hoffte, dabei nicht allzu enttäuscht zu klingen. »Aber dann treffen wir uns einfach ein anderes Mal. Ist vielleicht sogar besser, wenn ich heute früher schlafen gehe. Wir machen doch morgen eine Wanderung.«

»Aber so früh musst du da nicht raus?«, fragte die Irmi nach.

»Nein, nein. Wir starten am Vormittag und am späten Nachmittag sind wir wieder zurück.« Kurz hielt Sophie inne. »Die Katrin kommt doch auch mit, oder?«

»Bestimmt, sonst hätte sie sich für morgen nicht freigenommen.«

»Natürlich«, antwortete Sophie und bemühte sich, ihre Enttäuschung runterzuschlucken. War ja wohl logisch, dass Michaels Verlobte mit von der Partie sein würde. Was hatte sie eigentlich gedacht! Auf jeden Fall konnte sie nur hoffen, dass die nicht mehr sauer auf sie war. Mmh, sie beide mussten sich einfach an diesem Abend noch miteinander aussprechen. »Na, dann gute Besserung! Servus!«, sagte sie rasch und legte auf.

Nach einem großen Glas selbst gepresstem Apfelsaft wollte sie wieder zurück in den Hofladen, um Michael Bescheid zu geben, dass sie doch daheim bleiben würde. Aber genau in dem Moment piepste ihr Handy, eine SMS war eingetroffen: *Treffen findet heute doch statt. 19 Uhr im »Alfons«? Ist gleich hinter der Kirche in Ellmau. Freue mich. Irmi.*

Verwundert las Sophie die Nachricht noch mal. Das war aber eine schnelle Genesung gewesen. Aber bitte … Und ehrlich gesagt hatte sie absolut keine Lust, sich heute Abend mit der Katrin auseinanderzusetzen. Bevor sie es sich noch anders überlegen konnte, tippte sie in ihr Telefon: *Aber gerne doch! Ich bin pünktlich und freue mich!*

In München schlenderte Lisa durch den Englischen Garten, versuchte sich an der frühlingsverrückten Natur zu erfreuen. Ja, ja, wie hübsch alles blühte, Flieder, Jasmin. Ein wahres Potpourri an Düften. Zu dumm, dass es ihr absolut nicht gelingen wollte, sich endlich zu entspannen. Nein, jetzt hatte sich auch wieder ihr Schritt beschleunigt, sie rannte ja fast über die Kieswege, gehetzt wie auf der Flucht. Andauernd musste sie an Tim denken, ließ ihre letzte Begegnung Revue passieren, zum gefühlt hundertsten Mal. Er war doch beim Abschiedskuss so zärtlich gewesen, hatte bloß gesagt, dass ihm eine intensive

Arbeitsphase bevorstand, auf die er sich voll konzentrieren musste. Seufzend steckte sich Lisa eine dunkle Locke hinters Ohr, kramte in ihrem Gedächtnis verzweifelt nach Anhaltspunkten, die ihr helfen konnten, diese seltsame Situation zu verstehen. Auch wenn man beschäftigt war, konnte man sich doch bei seiner Liebsten kurz mal melden? Es gab Telefon, Internet. War das wirklich zu viel verlangt, ein kurzes Lebenszeichen von sich zu geben? Nein, absolut nicht! Man konnte doch nicht seit über einer Woche in der Versenkung verschwunden sein. »Außer man will vom anderen nichts mehr wissen und ist einfach zu feige, es ihm ins Gesicht zu sagen«, schoss es ihr durch den Kopf.

Bei dem Gedanken zog sich sofort ihre Kehle zusammen. Schlimm, wie verliebt sie in diesen Mann war! Sie selbst schockierte das wohl am meisten. Trotz der warmen Frühlingssonne fror sie plötzlich. Verärgert blieb sie stehen, schlang ihre hellblaue Wolljacke enger um sich, atmete einige Male tief durch. So, und jetzt sollte sie wieder mal sachlich denken: Tim war ihr in den Wochen, in denen sie ihn kennengelernt hatte, absolut verlässlich erschienen. Nichts, aber auch rein gar nichts sprach dafür, dass er zu feige wäre, ihr eine unbequeme Wahrheit kundzutun. Also gab es gar keinen Grund an seinen Worten zu zweifeln. Vermutlich war es tatsächlich seine Arbeitsweise, sich einige Zeit vollständig von der Welt zurückzuziehen. Nun huschte sogar ein kleines Lächeln über ihr Gesicht. Ja, genauso war es. Bestimmt würde er sich bald bei ihr melden. Aber eigentlich sprach doch auch rein gar nichts dagegen, dass sie ihm eine kurze Nachricht schickte oder mal kurz durchklingelte. Ja, womöglich war Tim sogar ein wenig enttäuscht, weil sie sich noch nicht gemeldet hatte. »So ist es bestimmt«, murmelte sie und setzte nun viel gemächlicher ihren Weg fort.

Echt niedlich, wie die Vögel so sangen und wie der Flieder duftete. Sie würde jetzt gleich noch den Surfern zuschauen, die im Eisbach auf der stehenden Welle ritten. Alleine das Zuschauen machte Spaß, und dann würde sie sich auf eine Bank setzen und Tim anrufen. Oder vielleicht doch gleich jetzt? Vorne an der nächsten Wegbiegung war sogar noch eine Bank frei – direkt in der Sonne. Mit eiligen Schritten steuerte Lisa auf diese Bank zu. Hach! Zu spät! Von der anderen Seite hatte sich ein Pärchen genähert – und war leider schneller. »Halb so schlimm«, dachte sie, davon ließ sie sich ihre neu gewonnene gute Laune bestimmt nicht verdrießen.

Der große Typ, der richtig gut aussah, blinzelte in die Sonne. He, der sah ja genauso aus wie Tim. Bestimmt kam ihr das nur so vor, weil sie so intensiv an ihn gedacht hatte. Verwirrt zwinkerte sie, dann riss sie ihre Augen weit auf. Nein, kein Zweifel. Von wegen Einbildung, kein anderer als ein offensichtlich gut gelaunter Tim saß auf der Bank – in Begleitung einer sehr attraktiven Blondine. So war das also mit seiner Ehrlichkeit und Zuverlässigkeit. Na, herzlichen Dank auch! Sie schnappte einige Male nach Luft, unfähig sich wegzubewegen. Dabei musste sie unbedingt fort von hier, bevor Tim sie bemerkte und sie den wohl lächerlichsten Auftritt des Jahrhunderts hinlegte. Endlich, ihre Beine gehorchten ihr wieder und sie sprintete los. Dass Tim ihr »Lisa! Warte doch!« hinterherrief, beachtete sie gar nicht. Womöglich hatte sie sich das auch nur eingebildet.

»Ich bin dann weg!«, rief Sophie am Abend in die Wohnküche, in der Michael mit den Kindern zusammen am Esstisch saß.

Katrin war noch nicht auf dem Hafner-Hof erschienen, worüber Sophie durchaus ganz froh war. Nun nickte ihr Michael zu. »Viel Spaß mit der Irmi!«

»Danke! Habt's auch einen schönen Abend!«

»Gibst du mir noch ein Gute-Nacht-Busserl, wenn du nach Hause kommst?«, fragte Klara, bevor sie herzhaft in ein Butterbrot biss.

»Aber natürlich«, sagte Sophie, kam auch jetzt noch mal in die Wohnküche, um jedem ein Küsschen auf den Scheitel zu drücken.

Also natürlich nur den Kindern, nicht dem Michael. Der sah sie jetzt aber irgendwie besorgt an. »Soll ich dich nachher abholen vom ›Alfons‹? Ist ja dann schon dunkel.«

»Nein, nein, die Irmi hat doch ein Auto, außerdem wird mich schon kein Wolf fressen.«

Sophie winkte ihm noch mal zu, dann verschwand sie eilig aus der Küche. Wäre ihr nun wirklich peinlich gewesen, wenn er gesehen hätte, dass sie sich über sein Abholangebot doch viel mehr gefreut hatte, als notwendig gewesen wäre. Der Abendwind, der ihr wenig später durch die Haare pfiff, tat da wirklich gut, und ehe sie sich versah, war sie bei der Kirche angelangt. Jetzt noch ein paar Schritte, dann stand sie auch schon vorm »Alfons«, einem gemütlichen Kaffeehaus. Neugierig lugte sie durch die Glastür. Nein, Irmi war noch nicht hier, in einer Ecke saß eine Gruppe junger Leute, einige Tische weiter ein älteres Ehepaar. Und an einem Fenstertisch rührte ein fescher dunkelhaariger Typ in Lederjacke – Sophie schätzte ihn auf Mitte zwanzig – in seinem Kaffee. Sie zuckte leicht mit den Schultern. Kein Problem, dann würde sie eben auf die Irmi warten. Ein Blick auf die Uhr sagte ihr ohnehin, dass sie gute fünf Minuten zu früh dran war. »Grüß Gott«, sagte sie beim Reinkommen und steuerte direkt auf den anderen, noch freien Fensterplatz zu. Doch bevor sie sich hinsetzen konnte, stand der Dunkelhaarige auf und wandte sich ihr zu. »Entschuldige, du bist sicher die Sophie, oder?«

Leicht verwundert kniff sie die Augen zusammen. »Ja.«

»Ich bin der Christoph, der Bruder von der Irmi. Ihr geht's echt nicht gut mit ihrer Erkältung, darum hat sie mich hergeschickt.«

»Das gibt's doch nicht!« Sie schlug völlig perplex die Hände vor dem Gesicht zusammen. »Da hat's aber jemand eilig mit dem Verkuppeln.«

Lachend setzte sie sich zu Irmis Bruder, der sich ebenfalls wieder auf seinem Stuhl niedergelassen hatte. Da er nun ihrer Meinung nach fast verschreckt dreinschaute, klopfte sie ihm begütigend auf den Oberarm. »Nix für ungut, aber das ist schon ziemlich die Holzhammermethode.«

Er lachte auf, ein sympathisches und mitreißendes Lachen. »Jetzt, wo du es sagst. Die Irmi liegt zwar wirklich mit einem Riesenschnupfen und Halsweh im Bett, ich war vorhin bei ihr, aber ja, sie sucht wohl immer noch die passende Frau für mich.«

»Echt?«

Ungläubig ließ Sophie den Blick über den Mann wandern. Er sah wirklich gut aus, hatte offenbar Humor, und wenn er sich um Mitternacht nicht in einen Werwolf verwandelte, sah sie einfach keinen Grund, warum ihm die Frauen nicht scharenweise nachrennen sollten. Nur sie gehörte nicht dazu, was bestimmt nicht an Christoph lag. Vermutlich lag es vielmehr daran, dass in ihrem Leben im Moment alles so gut lief wie lange nicht, und da hatte eine Liebschaft absolut keinen Platz. »Und was ist mit dem Michael?«, fragte eine lästige Stimme in ihrem Hinterkopf.

Ja, okay, ... vielleicht stand ihr auch diese kleine Schwärmerei im Weg. Vermutlich nur eine Frage der Zeit. Leider lächelte Christoph sie gerade ziemlich innig an. Leise seufzte sie auf. Keine Frage, der Mann war viel zu sympathisch, um ihm falsche Hoffnungen zu machen. »Du, auch wenn es blöd ist und ich mich total lächerlich mach«, begann sie vorsichtig, »Ich bin echt nicht auf der Suche nach einem Mann.« Hektisch und mit bestimmt hochrotem Kopf fügte sie hinzu: »Und das liegt bestimmt nicht an dir, absolut nicht!«

Er sagte nichts, sah sie nur unverwandt an. Na, fantastisch, hier machte sie sich ja total zum Deppen. Und dummerweise konnte sie auch nicht aufhören, weiterzuplappern: »Es ist einfach der falsche Zeitpunkt, ich muss mich hier eingewöhnen, habe so viel um die Ohren. Also, freundschaftlich könnten wir uns bestimmt sehr gut verstehen, aber nicht mehr ...«

Plötzlich lachte Christoph auf. »He, du brauchst dich nicht zu entschuldigen, ich habe auch keinerlei Absichten.«

»Oh.« Verlegen merkte sie, wie ihr Kopf noch röter wurde, sicher explodierte er gleich.

Natürlich, sie war wohl gar nicht sein Typ. Und sie redete so blöd daher, als ob er ihr bereits einen Heiratsantrag gemacht hätte.

»Aber es liegt bestimmt nicht an dir«, sprach er mit einem Augenzwinkern weiter.

Nun musste auch sie schmunzeln. »Ja, ja, dieser Satz ist echt blöd, aber vergiss es, dann ist ja alles klar bei uns.«

»Fast«, nickte Christoph, dann beugte er sein Gesicht ein bisschen näher zu ihrem. »Aber es liegt wirklich nicht an dir. Oder doch? Weil ich nämlich nicht auf Frauen stehe.«

Verblüfft riss sie die Augen auf. »Und trotzdem will uns die Irmi miteinander verkuppeln?«

»Sie weiß ja nicht, dass ich schwul bin.«

»Echt? Ist doch rein gar nichts dabei.« Sophie zuckte mit den Schultern. »Wir leben schließlich nicht mehr im Mittelalter!«

»Na ja, ich hätte das Gefühl, als ob ich meine Familie irgendwie enttäuschen würde.« Christoph, der eben noch so gelassen gewirkt hatte, schaute nun sehr bedrückt drein.

»He, so wie ich die Irmi kennengelernt habe, kann ich mir nicht vorstellen, dass sie damit irgendein Problem hätte«, versuchte Sophie ihn aufzubauen, tätschelte dabei seine Hand. Dann fügte sie augenzwinkernd hinzu: »Willkommen im 21. Jahrhundert!«

»Ja, da hast recht«, lachte er jetzt mit und läutete damit einen sehr amüsanten Abend ein.

»Und wie war es gestern mit der Irmi?«, fragte am nächsten Tag Michael, als sie zusammen mit den Kindern und der Sissi einen sonnigen Almweg entlanggingen.

Katrin, die offensichtlich am vorigen Abend nicht mehr auf den Hafner-Hof gekommen war, hatte auch die kleine Wanderung abgesagt. Offenbar gab es jede Menge mit einer neuen Lieferung an Sommermode zu tun. Als Sophie von Michael diese Nachricht beim Frühstück erhalten hatte, war sie bemüht gewesen, zumindest ein wenig betrübt dreinzuschauen. Doch sie selbst hatte Zweifel, ob ihr das annähernd gelungen war. Jetzt verzog sich ihr Mund zu einem breiten Lächeln. »Na ja, aus der Irmi ist ein Christoph geworden, aber es war trotzdem ein supernetter Abend.«

Ups, irrte sie sich oder schaute Michael, der sich seine Sonnenbrille kurz ins Haar und gleich wieder zurück auf die Nase geschoben hatte, auf einmal ziemlich finster drein? Mmh, da musste sie sich wohl getäuscht haben, denn gleich drauf lächelte er sie wieder an. Toll sah der Mann aus im kurzärmeligen rot-blau karierten Hemd, dazu graue Bermudas, die seine muskulösen Waden freigaben. »Schön, dass ihr euch gut verstanden habt«, sagte er schließlich.

»Ja, der Christoph ist wirklich ein toller Typ, interessant und witzig«, antwortete sie wahrheitsgemäß, dabei musste sie sich fast ein Schmunzeln verkneifen, weil Michaels Lächeln so verkrampft wirkte.

»Aber unser Papa ist auch ein toller Typ«, sagte da Klara und fasste nach ihrer rechten Hand.

»Klara!«, rief Michael erbost aus. »Jetzt red doch nicht so einen Blödsinn!«

Seine Wangen waren auf einmal knallrot geworden, was ziemlich sicher nicht am leichten Aufstieg lag.

Schnell wandte Sophie den Kopf ab und ließ den Blick übers Tal schweifen. Ellmau mit seiner hohen Kirchturmspitze sah im Sonnenschein besonders entzückend aus. »Heute ist es ja wirklich traumhaft schön«, lenkte sie ab. Dann deutete sie grinsend auf ihre neuen Wanderschuhe. »Und mit denen läuft es sich ganz fabelhaft.«

»Freut mich«, sagte Michael und atmete tief aus. Er wirkte ziemlich erleichtert über den Themenwechsel. »Ein Stückerl geht's ja noch bis zur Kaiserhütte.«

Mit einer weit ausholenden Armbewegung zeigte er auf die Berge um sie herum. »Und, wie gfallt's dir, unser Kaisergebirge?«

Bewundernd schaute sie auf die schneebedeckten Gipfel. »Ein Traum, ganz ehrlich, hier möchte man gar nicht mehr weg!«

»Musst ja nicht.« Michael hatte das gesagt und schaute im nächsten Moment erschrocken drein. »Wer weiß, vielleicht kommst ja mit dem

Christoph zusammen und ziehst dann für immer und ewig nach Ellmau.«

»Keine Ahnung«, murmelte Sophie, der das nun fast ein wenig Spaß machte, vom Christoph zu schwärmen. Sie hatte ihm schließlich versprochen, niemandem zu erzählen, dass er schwul war. Zumindest so lange nicht, bis er selbst vor seiner Familie sein Coming-out gewagt hatte. »Er ist auf jeden Fall sehr nett.«

So, das war jetzt alles nicht gelogen. Und ein Michael, der so ein bisschen eifersüchtig wirkte, gefiel ihr eigentlich recht gut.

In München saß Sven mit Yvonne in einem urigen Wirtshaus in der Nähe des Viktualienmarkts zusammen. Auf den Tellern vor ihnen dampften Kässpatzn, und alles hätte eigentlich sehr gemütlich sein können, wäre Sven nicht so dermaßen schlecht aufgelegt gewesen. »Was läuft da jetzt mit dem Georg?! So wie ihr immer miteinander herumtuschelt und lacht«, herrschte er Yvonne zwar mit gedämpfter Stimme, aber nichtsdestotrotz scharf an.

Die schüttelte empört den Kopf. »Gar nix, wir sind nur Kollegen, die sich gut verstehen. Muss ich mich dafür bei dir rechtfertigen?«

»Erzähl mir doch keinen Blödsinn!«, schoss Sven sofort zurück.

»Du hast doch was mit ihm, wer schickt sich denn sonst solche SMS? *Schönen Abend noch, bis morgen beim ersten Kaffee, viel Spaß im Kino*«, äffte er spöttisch nach.

Yvonne schnappte empört nach Luft, dann strich sie sich, um mehr Zeit zu gewinnen, eine blonde Strähne hinters Ohr. Langsam, aber sicher machte ihr dieser Mensch Angst. »Du hast mein Handy kontrolliert?«, brachte sie schließlich stockend heraus, bevor sie ihren Teller zurückschob. Der Appetit war ihr nun gründlich vergangen.

»Ja, was soll ich denn tun, wenn meine Freundin ein dermaßen treuloses Luder ist!«, preschte Sven nach vorn. Auf seiner Stirn standen nun Schweißperlen.

Sie schluckte. Dass sie diesen Mann, der ihr jetzt wie ein Irrer erschien, vor Kurzem noch sehr anziehend gefunden hatte, konnte sie gar nicht mehr verstehen. Wütend warf sie ihre Serviette, die eben noch auf ihrem Jeansrock gelegen hatte, auf den Tisch und sprang auf. »Das war's dann wohl mit uns!«, zischte sie, bevor sie sich ihre Handtasche schnappte und aus der Wirtsstube hetzte.

Vor Zorn nach Luft schnappend starrte Sven ihr nach. Dieses gemeine Biest, wie konnte sie nur. Mit ihm machte keine Frau so einfach Schluss! Doch in der nächsten Sekunde wusste er, wer im Grunde an diesem Dilemma schuld war. Sophie! Die hatte ihn doch so verkorkst, aus ihm einen eifersüchtigen Deppen gemacht, der nun in einer neuen Beziehung gleich versagt hatte. Ungeachtet dessen, dass er die Wirklichkeit völlig verdrehte, fühlte er sich auf einmal fast befreit. Nein, er konnte nichts dafür, dass Yvonne ihn so schnöde hatte stehen lassen. Das war seine durch und durch schlechte Ex gewesen. Und wenn er sie erst gefunden hatte, würde sie dafür büßen.

Auf der Kaiserhütte biss Sophie in ein deftiges Schmalzbrot. »Mmh, schmeckt das gut«, seufzte sie auf. »Kann mich nicht erinnern, jemals etwas Besseres gegessen zu haben.«

Michael, der ihr gegenüber auf der Terrasse des Almwirtshauses saß, lachte sie an. »Ja, wir sind ja auch über zwei Stunden gewandert, da schmeckt's dann besonders gut!«

»Und die Sophie hat sich recht gut angestellt«, warf Franz zwischen zwei Bissen Germknödel wie ein Großer ein.

»Danke«, sagte Sophie und schnitt eine Grimasse. »Auf ein heißes Bad heute Abend freue ich mich aber trotzdem.«

»Kriegst ein Quietscheentchen von mir«, kicherte Klara, dann sprang die Kleine auf und lief in die Hütte hinein. Keine drei Minuten später kam sie mit zwei Postkarten und einem Kugelschreiber zurück.

»Du, die kannst du doch nicht einfach so nehmen!«, sagte Michael.

»Aber ich habe gesagt, dass du sie gleich zahlst«, erwiderte die Kleine mit einem so treuherzigen Blick, dass ihr Papa sofort lächeln musste.

»Meinetwegen, aber dann gib auch der Sophie eine Karte!«

»Ja, und die andere schreiben wir an die Mama im Himmel.«

Es war Michael anzusehen, dass er schlucken musste. »Ja, das machen wir!« Wohl, um nicht ganz so rührselig zu werden, wandte er sich an Sophie. »Und an wen schreibst du die Karte? An den Christoph vielleicht? Man kann sie gleich hier auf der Hütte abgeben.«

»Da muss ich mal überlegen«, stieg Sophie auf das Spielchen ein. »Vielleicht wirklich dem Christoph? Nein, mit dem treffe ich mich doch bald wieder.«

Oh, war Michael jetzt zusammengezuckt? Schnell fixierte sie wieder das Bild der Postkarte, das den Wilden Kaiser über frischen grünen Almwiesen und vor einem strahlend blauen Himmel zeigte. Genauso wie bei ihnen an diesem Tag. Plötzlich kam ihr eine Idee. Lisa in München wusste ja immer noch nicht, wo in Tirol sie eigentlich lebte – und da die Gefahr mit Sven nun endgültig gebannt war. Schwungvoll ließ sie den Kugelschreiber über die Karte gleiten: *Liebe Lisa, ich sende dir recht viele Grüße aus dem entzückenden Ellmau. Mir geht es hier einfach fabelhaft. Dreh die Karte um, dann siehst du, wie schön es hier ist – und kommst mich hoffentlich bald besuchen! Lass dich drücken! Deine Freundin Sophie.*

8

»Wann sind wir endlich da?« Klara, die beim Aufstieg noch flink wie eine junge Gämse herumgesprungen war, trottete nun beim Rückweg eher wie ein trauriger kleiner Elefant neben den Erwachsenen auf dem Waldweg her.

»In einer guten Stunde sind wir wieder daheim«, sagte Michael und nahm das Mädchen bei der Hand. »Das schaffst du locker.«

»Dauert ja noch ewig«, maulte Klara.

Auch Franz schaute missmutig vor sich hin, sogar Sissi ließ ihren Schwanz hängen. Vielleicht lag es auch am plötzlichen Wetterumschwung, dass die vorhin noch so fröhliche Stimmung der kleinen Truppe genau wie die Außentemperatur empfindlich gesunken war. Wo kürzlich noch die Sonne mit dem Blau des Himmels um die Wette gestrahlt hatte, schoben sich jetzt dicke graue Wolken grimmig vor, um beides zu verdecken. Dazu blies eine kräftige und ziemlich kühle Brise, die trotz der Windjacken Gänsehaut bei den Kindern verursachte. Auch Sophie fröstelte. Außerdem rieben ihre neuen Wanderschuhe nun auch noch unangenehm an der Ferse – rechts tat es sogar richtig weh. Um nicht auch noch schlechte Laune zu verbreiten, biss sie die Zähne zusammen und zog, als sie Klaras Blick auf sich spürte, sogar die Mundwinkel hoch. Offensichtlich ein überaus kläglicher Versuch eines Lächelns. »Dir macht es auch keinen Spaß mehr«, stellte Klara nämlich trocken fest.

Nun musste Sophie doch lachen. »Na ja, wir sind ja bald zu Hause. Dann mache ich uns einen heißen Kakao, und einen Nusszopf haben wir auch noch.«

Die Augen von Franz begannen zu leuchten. »Nusszopf, holla! Und ich hab glaubt, den hätten wir schon in der Früh aufgegessen.«

Sophie zwinkerte ihm zu. »Ich hab mir doch gedacht, dass wir hungrig nach Hause kommen werden, und eine Jause ist dann genau …«

Ihre letzten Worte gingen in einem ohrenbetäubenden Donner unter, und bevor Sophie überhaupt das nächste Mal Luft holte, regnete es in dicken Tropfen. Was heißt regnen? Wie aus Kübeln schüttete es, sodass die Gruppe innerhalb von Sekunden patschnass war. »So ein Mist!«, schrie Michael gegen das laute Prasseln an. »Der Wetterbericht hat doch erst für morgen Schlechtwetter angesagt.«

Ohne zu zögern, zog er Klara und Franz an der Hand unter einen Felsvorsprung, der glücklicherweise den Weg säumte, und deutete auch

Sophie, mitzukommen. »Lange kann das Gewitter nicht dauern. Das warten wir einfach ab«, sagte er in besänftigendem Tonfall, vor allem in Richtung Klara, die sich wegen des Donners so erschreckt hatte, dass ihr nun dicke Tränen über die Wangen liefen, die sich dort mit den Regentropfen vermischten.

Doch gleich darauf kauerten sie eng aneinandergekuschelt beisammen, die Kinder zwischen den Erwachsenen, der Collie dicht an Franz geschmiegt.

»Brauchst keine Angst haben«, flüsterte Sophie Klara zu und drückte die Kleine an sich. Dabei schloss sie die Augen, hoffte, dass die anderen so nicht ihre Verzückung, die eben Besitz von ihr ergriffen hatte, bemerken würden. Ja, es war völlig verrückt. Michaels muskulöser Arm lag auf ihrer Schulter, bestimmt zufällig, weil hier kaum Platz war. Umso weniger konnte sie die Reaktion ihres Körpers verstehen: Gänsehaut von Kopf bis Fuß, und in ihren Blutgefäßen fuhren die Hormone Achterbahn. Jesses, fühlte sich diese Berührung gut an. Und Michael, dem dieser Körperkontakt vermutlich nicht mal so recht bewusst war, machte keinerlei Anstalten, seinen Arm wegzuziehen. Wenn es nach ihr ginge, konnten sie gerne die nächsten hundert Jahre so dasitzen.

»Du schwärmst nicht nur für ihn, du bist bis über beide Ohren in Michael verliebt!«, stellte eine leise Stimme in ihrem Hinterkopf nüchtern fest.

Diesmal wehrte sich Sophie nicht gegen diese Einflüsterung. Es wäre auch zu lächerlich gewesen, nachdem ihr ganzer Körper wie verrückt auf diesen Mann reagierte. Lange genug hatte sie sich gegen diese Erkenntnis gesträubt – gänzlich ohne Erfolg. Nun war es vermutlich wirklich an der Zeit, der Wahrheit ins Auge zu schauen und die richtigen Schlüsse daraus zu ziehen. Sollte sie ihre Stelle kündigen, um ihren Chef nicht mehr sehen zu müssen? Und wieder nach München zurückkehren? Allerdings würde sie dadurch auch Klara und Franz verlieren. Bei dem Gedanken schnürte sich ihre Kehle zu, so als ob jemand die Kordel an ihrem Jackenkragen immer enger um ihren Hals ziehen würde. Frustriert seufzte sie auf.

»He, hast du etwa auch Angst vorm Gewitter?«, hörte sie Michaels Stimme ganz nah an ihrem Ohr.

Er hatte sich zu ihr rübergebeugt, berührte nun mit seiner Wange fast die ihre.

Oh, oh, oh … Eine Hitze fuhr ihr durch den Kopf, gleich würde ihr Schädel springen. »Ja, vielleicht ein bisschen«, schwindelte sie geistesgegenwärtig, fügte jedoch, als sie Klaras bestürzten Blick wahrnahm, hastig hinzu: »Aber ich habe mir gedacht, wenn wir uns gegenseitig etwas Nettes erzählen, dann lenkt uns das ab.«

Michael sah sie ernst an. Und obwohl ihr fast schwindelig wurde, versuchte Sophie dem Blick aus seinen faszinierenden Augen standzuhalten. Zum Glück saß sie, sonst wäre sie auf der Stelle umgeknickt, da sich ihre Beine wie auf Kommando in weich gekochte Spaghetti verwandelt hatten. Na wunderbar, jetzt drückte Michael auch noch ihre Schulter! Herzlichen Dank auch! Kapierte er denn nicht, dass er damit tonnenweise Salz in ihre Wunden streute? »Natürlich nicht!«, wies ihre innere Stimme sie streng zurecht. »Er weiß ja nicht, dass du hier wie ein liebestolles Kaninchenweibchen hockst und ihm am liebsten die Kleider vom Leib reißen würdest!«

Oh, der Gedanke war Sophie dermaßen peinlich, dass ihr Kopf nun noch mehr glühte. »Na, wer von euch hat eine nette Geschichte auf Lager?«, sagte sie so leichthin wie möglich.

Puh, Franz meldete sich zum Glück. »Ich weiß was. Gestern habe ich mit der Sissi geübt. Sitz, Platz, bei Fuß. Hat sie ganz super gemacht.«

Während er jede Bewegung des Hundes ausführlich schilderte, tätschelte er Sissis Kopf. Die schien wirklich zu verstehen, dass von ihr die Rede war – so aufmerksam, wie sie dreinschaute. »Zumindest hat sie gut mitgemacht, so lange, bis ich keine Hundekekse mehr in der Hosentasche gehabt habe«, schloss er seine Erzählung.

»Na, die ist aber schlau!«, lachte Michael, wollte nun offenbar Klara anstupsen, um sie zum Erzählen aufzufordern. Schnell zog er seine Hand zurück, als er merkte, dass das Mädchen eingeschlafen war. Lächelnd wandte er sich an Sophie. »Hast du vielleicht eine nette Geschichte für uns auf Lager?«

»Ja, natürlich! *Meine* Geschichte handelt davon, wie man mit seinem zukünftigen Chef telefoniert und dabei bereits hin und weg ist und dieses Gefühl beim Kennenlernen dann noch immer schlimmer wird. Und auch davon, wie man verzweifelt dagegen ankämpft, die Gefühle weit wegschiebt, weil der Mann vergeben ist und man selbst genug andere Sorgen hat, als sich zu verlieben. Und letztendlich davon, wie einen diese blöden Gefühle einholen, weil man gar nicht schnell genug davonlaufen kann. Und wie sie dann ihr Netz auswerfen, in dem man gefangen ist – auf Gedeih und Verderb.« Diese dramatischen Gedanken wäre Sophie so gerne losgeworden, doch zum Glück hatte sie sich zumindest so weit im Griff, dass sie sie nicht laut aussprach. Stattdessen straffte sie den Rücken.

»Ja, ich könnte euch erzählen, wie viel der Christoph und ich gestern miteinander gelacht haben, er arbeitet ja als Restaurantchef im Kitzbüheler Parkhotel und hat jede Menge lustige Sachen erlebt.«

Aus dem Augenwinkel bemerkte sie, wie Michaels Lächeln erloschen war. Einen Moment lang tat ihr das leid. Wirklich nur für den Bruchteil einer Sekunde. Denn darauf, dass ihr Chef kein Interesse an Christophs Erlebnissen hegte, konnte sie in ihrem Zustand nun wirklich keine Rücksicht nehmen.

In der Küche des Hafner-Hofes drehte Katrin ihr weißgoldenes Bettelarmband mit den kleinen Anhängern nervös an ihrem Handgelenk herum. Eine halbe Stunde zuvor war sie angekommen, hatte das Haus jedoch leer vorgefunden. Verdrossen sah sie zum Fenster in den strömenden Regen hinaus. Michael wollte doch schon längst hier sein. Sie stöhnte auf. Das war ja mal wieder typisch, sie beeilte sich herzukommen, ließ sogar die Hälfte ihrer Arbeit liegen und hockte jetzt alleine dumm rum. Dabei hatte sie nicht mal mehr die Zeit gefunden, die Auslage mit den hübschen Tulpen- und Narzissentöpfen fertig zu dekorieren, die die Blumenhandlung in der Früh geliefert hatte. Sie konnte nur hoffen, dass die Irmi, die mit ihrem grauslichen Schnupfen wahrscheinlich ohnehin die halbe Kundschaft vertrieb, das halbwegs hinbekam. Seufzend schob sich Katrin eine dunkelbraune Strähne aus dem Gesicht. Wie gut, dass sie es noch vor dem Regen ins Haus geschafft hatte, sonst wäre ihre Frisur buchstäblich baden gegangen. Egal, sie hatte jetzt wirklich andere Probleme: Dass ihr der Flyer vom Internat aus Innsbruck aus der Tasche gefallen war und diese Sophie den dann auch noch hatte finden müssen, war doch wirklich blöd gelaufen. Und jetzt stand sie vor der blöden Trutschen da wie das Stiefmutter-Monster schlechthin! Nur weil sie es gut meinte mit dem Franz und sich um eine perfekte Ausbildung für ihn sorgte! Wenn es nach dem Michael ginge, würde der Bub die Dorfschule besuchen und ewig ein Landei bleiben. Niemand konnte ihr schließlich weismachen, dass die Kinder hier genauso viel lernten wie in dem Privatinternat. Der Clemens, der hatte sie verstanden, vorhin beim gemeinsamen Kaffeetrinken. Eigentlich gut zwei Stunden lang, denn eine Pause brauchte doch jeder einmal. Nachdenklich runzelte sie die Stirn, zumindest so weit das noch möglich war, nachdem sie erst letzte Woche das erste Mal heimlich Botox ausprobiert hatte. Gut, es blieb bei einem Runzelversuch. Dafür war ihre Stirn praktisch faltenfrei. Ja, überhaupt der Clemens, der Direktor vom Parkhotel, schien so viel mehr auf ihrer Wellenlänge zu liegen als der Michael. Er bewunderte sie ohnehin, wie sie sich so gut auf zwei fremde Kinder einstellen konnte. Für ihn war es auch klar, dass man nicht nur an andere denken konnte. Und sich ein Mensch gefälligst an erster Stelle um seine Partnerschaft zu kümmern hatte! »Du musst auch einmal auf dich schauen, Katrin, sonst wirst du nur ausgenutzt!«, hatte er ihr bei der Verabschiedung zugeraunt, als er sie an seine kräftige Brust gedrückt hatte.

Ja, so war es, dachte sie düster, während sie gedankenverloren nacheinander an jedem Anhänger ihres Armbandes zog. Stöckelschuh, Kätzchen, Erdbeere, Handtasche, ein blauer Berggipfel mit Schneekuppe – den hatte ihr Michael zu ihrem letzten Geburtstag im Winter geschenkt. Ein jäher Stich durchfuhr ihre Brust. Michael, ihr Verlobter, der doch genau der Richtige für sie war. Natürlich wäre es besser, wenn er keine Kinder hätte, und der Umstand, dass er Landwirt war, machte auf ihre Bekannten aus der Kitzbüheler Innenstadt auf Anhieb nicht gerade einen grandiosen Eindruck. Aber wenn sie schließlich erwähnte, dass er einen Bio-Hof leitete und Käse ins Parkhotel lieferte, wurde so manche Augenbraue in die Höhe gezogen. Und besonders dann, wenn sie den feschen Mann sahen. Die Weiber waren doch alle eifersüchtig. Katrin schluckte einige Male. Nein, diesen Mann durfte sie nicht verlieren, auch wenn sie, seit diese Sophie hier war, ein zunehmend beunruhigendes Gefühl beschlich. Ihr Verlobter und diese Münchnerin verstanden sich einfach viel zu gut. Und wenn es blöd lief, dann hatte sie ihm bereits die Sache mit dem Flyer gepetzt.

Natürlich, bestimmt hatte die dumme Kuh das gemacht, Michael vielleicht schon gegen sie aufgebracht. Unwillkürlich richtete sich Katrin in ihrem Stuhl auf. Wenn sie sich nicht wehrte, würde Sophie es glatt schaffen, ihre Beziehung zu zerstören. Diese Frau, die ihr doch, das musste sie sich jetzt endlich eingestehen, von Anfang an zuwider gewesen war. Mit einem mulmigen Kribbeln im Bauch dachte sie daran, dass Michael die letzten Tage ziemlich komisch gewirkt hatte. Plötzlich wollte er noch warten mit der Hochzeit, prüfen, ob sie wirklich zusammenpassten, ob das mit den Kindern hinhauen würde. Ob sie über ihre Beziehung nicht noch mal in Ruhe miteinander sprechen sollten, hatte er am Morgen sogar am Telefon gemeint. Pah! Was gab es da noch zu besprechen? Sie beide waren ein tolles Paar. Und es würde ihrer Liebe nur guttun, wenn die Kinder nicht allzu oft zu Hause wären. Aber vor allem musste sie darauf achten, dass diese Sophie aus ihrem Leben verschwand, besser heute als morgen. Bei dem Gedanken umspielte ein kleines Lächeln ihre Lippen, entschlossen ballte sie die Finger ihrer rechten Hand zur Faust.

»Nein, mein liebes Fräulein aus München«, sagte sie leise drohend, »ich werde es ganz bestimmt nicht zulassen, dass du zwischen uns einen Keil treibst!«

»Katrin!«

Erschrocken hob sie den Kopf. Vor ihr standen pitschnass Michael und die Kinder, hinter ihnen lugte Sophie hervor. Mmh, wie die vier trotz des Sauwetters so gut gelaunt wirken konnten, war der Boutiquenbesitzerin ein Rätsel. »Da seid ihr ja endlich!«, rief sie aus und warf sich dabei in Michaels Arme – gar zu theatralisch, wie Sophie denken musste.

»Ich habe mir ganz schreckliche Sorgen um euch gemacht!«

Sophie bemühte sich, weiter zu lächeln, auch wenn ihr Katrins anklagender Ton ein bisschen auf die Nerven ging. Aber es half ja alles nichts, wenn sie mit Michaels Verlobter nicht wieder Frieden schloss, konnte sie den Job hier gleich bleiben lassen. Kalt lief es ihr den Rücken hinunter, und daran war nicht allein das nasse T-Shirt schuld, das an ihrer Haut klebte. Nein, sie konnte hier nicht weg. Dafür waren ihr Franz und Klara viel zu sehr ans Herz gewachsen.

»Und Michael natürlich«, erinnerte ihre lästige innere Stimme sie sofort. Ja, und Michael, aber alle Gefühle, die über Freundschaft hinausgingen, würde sie sich in Zukunft verbieten. Mit einem nun sogar etwas breiteren Lächeln wandte sie sich an Katrin, die sich mittlerweile aus Michaels Armen gelöst hatte. »Schön, dein Bettelarmband. Es ist mir schon aufgefallen, als wir uns das erste Mal begegnet sind.«

»Danke«, sagte die Angesprochene und hielt das Armband in die Höhe, um es besser betrachten zu können. »Ich liebe es, komme nur leider viel zu selten dazu, es zu tragen.« Sie warf Michael einen intensiven Blick zu, der diesen jedoch überraschenderweise nicht erwiderte. Stattdessen betrachtete er offensichtlich hochkonzentriert seine Schuhspitzen. »Den süßen Berggipfel hat mir ja mein Schatz zum Geburtstag geschenkt«, flötete Katrin dennoch.

»Und von uns hast du die Erdbeere bekommen«, warf Franz in leicht gekränktem Ton ein.

»Ja, klar, die ist auch sehr hübsch«, sagte Katrin und warf ihm einen raschen Blick zu.

Sophie hatte fast das Gefühl, als ob Katrin dabei versuchte, die Stirn zu runzeln, es aber aus einem unerfindlichen Grund nicht schaffte. »Blödsinn!«, schalt sie sich im Geiste selbst. »Du kannst ja gar kein gutes Haar an der Frau lassen!«

Laut sagte sie: »Es ist wirklich wunderhübsch das Armband, und echt schön, dass wir uns wiedersehen, finde ich.«

Die letzten Worte ihrer Charmeoffensive waren ihr zwar nicht ganz leicht gefallen, aber es war immer noch besser, freundlich zu sein, als es sich mit der zukünftigen Frau des Chefs vollständig zu verscherzen. »Ja, wir werden es uns gemütlich machen mit dem leckeren Nusszopf«, antwortete Katrin und zwinkerte Sophie zu.

Dabei blitzten ihre Augen, so als ob ihr eben ein großartiger Einfall gekommen wäre.

Egal, Sophie atmete erleichtert aus, in der Hoffnung, dass das Kriegsbeil zwischen ihnen nun endgültig begraben war.

In München versuchte sich Lisa zum wiederholten Male, auf ihre bereits vor einiger Zeit begonnene Zeichnung zu konzentrieren. Draußen regnete es wie verrückt und es sah nicht so aus, als ob es in den nächsten Stunden aufhören würde. Eigentlich die ideale Rahmenbedingung für sie, um sich vollends auf die Arbeit einzustellen. Normalerweise liebte sie es ja auch, wenn die Tropfen gegen die Fensterscheiben klopften und sie es drinnen wohlig warm hatte. Doch an diesem späten Nachmittag wollte ihr das absolut nicht gelingen. Schon wieder hatte der kleine Salamander, Held eines neuen Kinderbuchs, einen dermaßen grimmigen Zug ums Maul, dass jedem kindlichen Leser bei der Bilderbuchlektüre Angst und Bange werden musste. Noch mal las sich Lisa die Beschreibung des Charakters durch, war bloß froh, dass diesmal nicht Tim der Autor war: *Sali, ein frecher, neugieriger, aber liebenswerter Salamanderjunge, der gerne Streiche ausheckt, um seine Eltern und Lehrer zu ärgern.*

Na ganz toll, ihr Sali ähnelte mehr dem Filmmonster Godzilla. Zu blöd aber auch, dass sie andauernd an Tim denken musste, diesen hinterhältigen Casanova! Ihr große Gefühle vorzuspielen, während er sicherlich bereits seine nächsten Dates klargemacht hatte! »Du, für mich ist das mit uns etwas ganz Besonderes«, hatte sie noch seine Worte im Ohr. »Echt ein Riesenglück, dass ich dich kennengelernt habe.«

Pah! Und sie war bei dieser Heuchelei glatt dahingeschmolzen wie Schokolade in der Mittagssonne! Nein, nein, nein. Sie wollte nicht an den Moment denken, in dem sie ihn mit der anderen Frau zusammen im Englischen Garten gesehen hatte. Ihre Augen voller Tränen, die sie nur noch wütender machten, radierte sie an Salis Gesicht rum. Ärgerlicherweise ließen sich die Gedanken an Tim und die Fremde nicht ausradieren.

Mit verkniffenem Mund zeichnete sie weiter, drückte so stark auf, dass der Bleistift auf dem Papier kratzte. Nein, so wurde das nichts. Mit den hängenden Mundwinkeln sah der Lurch wie Godzilla mit Liebeskummer aus! Und was noch schlimmer war: Eine Träne tropfte auf das Papier, genau auf Salis Nase, der jetzt wirkte, als ob auch er dringend ein Taschentuch benötigte. Vor Zorn am ganzen Körper bebend rückte Lisa ihren Stuhl zurück, sprang auf. Es half alles nichts, sie würde eine Pause einlegen, sich vielleicht mit einer schönen Tasse heißem Tee aufs Sofa fläzen. Bedrückt ließ die Illustratorin ihren

Blick zum Fenster schweifen. Draußen sah es genauso trostlos aus wie in ihrem Herzen. Na prima, woher stammten denn diese kitschigen Gedanken? Sie, die doch immer so sachlich war, dadurch ihr Leben immer bestens im Griff gehabt hatte. Fassungslos über ihre seltsame Verwandlung schüttelte sie den Kopf. Sophie, *die* war doch immer eine hoffnungslose Romantikerin gewesen, die daran glaubte, den Mann zu treffen, mit dem sie den Rest ihres Lebens verbringen wollte. Gut, das war vor ihrer Horrorbegegnung mit Sven gewesen, jetzt und in nächster Zeit würde sie wohl nur wenig Verlangen nach einer Beziehung haben. Oder schwärmte sie etwa wirklich für diesen Michael? Wenn sie daran dachte, wie Sophies Stimme immer eine Oktave höher glitt, wenn sie von ihrem Chef erzählte. Ja, ja, da konnte schon etwas dran sein. Unwillkürlich musste Lisa lächeln, als sie an ihre Freundin dachte. Gleich darauf zog sich ihr Magen zusammen. Sophie fehlte ihr, auch wenn sie hin und wieder telefonierten. Und dass jetzt tatsächlich Lisas Cousine Ellen, eine rundum sympathische und unkomplizierte Frau in Sophies Wohnung wohnte, war ja recht angenehm. Hin und wieder setzten sie sich sogar auf einen Kaffee oder ein Glas Wein zusammen. Aber es war einfach nicht das Gleiche wie mit ihrer Sophie. »Ich glaub, ich werde sie wirklich bald mal besuchen«, schoss es Lisa durch den Kopf.

»Gute Idee!«, sagte sie dann laut, in betont heiterem Tonfall, um sich selbst aufzumuntern. Es gelang ihr aber nicht, denn in der nächsten Sekunde war ihr bereits wieder zum Heulen zumute. Da klingelte es unten an der Haustür. Ehrlich dankbar für die Ablenkung rannte Lisa in den Flur.

»Ich bin's, Tim«, hörte sie gleich darauf die wohlbekannte Stimme im gutgelaunten Ton durch die Gegensprechanlage in ihr Ohr schallen. »Darf ich raufkommen?«

Vor lauter Empörung blieb Lisa einen Moment lang die Luft weg. Es war nicht zu fassen: Am Vortag turtelte der blöde Kerl noch mit einer anderen rum, um jetzt erneut vor ihrer Tür zu stehen. Am liebsten würde sie ihn ohne ein Wort einfach unten stehen lassen. Da könnte er in Ruhe eine Weile überlegen, was zwischen ihnen schiefgelaufen war. Offensichtlich hatte er sie im Englischen Garten ja doch nicht bemerkt, sonst klänge seine Stimmung vielleicht nicht ganz so vergnügt. Oder etwa doch? Typen wie er fanden es vermutlich aufregend, wenn ihre diversen Flammen vor Eifersucht vergingen und ihnen dann trotzdem rasch wieder verziehen. Lisa merkte, wie sie vor lauter Zorn regelrecht zu zittern begann. Nein, so einfach käme er nicht davon. Bevor sie ihn aus ihrem Leben warf, würde sie ihm noch mal ordentlich die Meinung geigen. Ohne ein weiteres Wort drückte sie auf den Türsummer. Während sie hörte, wie Tim die Stufen hochrannte, lehnte sie an der Wand ihres Flurs – und ärgerte sich über ihren Puls, der dermaßen raste, als ob sie selbst einen Treppensprint hingelegt hätte. Mit einer fahrigen Handbewegung öffnete sie die Wohnungstür, um in der nächsten Sekunde einem lächelnden Tim in die Augen zu sehen. »Hallo Lisa, sorry, dass ich vorher nicht angerufen habe. Ich konnte es einfach nicht erwarten, dich zu sehen.«

Sie musste mehrmals schlucken. Immer noch die gleichen braunen Augen, ein jungenhaftes Grinsen um den Mund. Und wenn sie daran dachte, wie traumhaft schön es in seinen muskulösen Armen gewesen war. Nein, keine Zeit für Sentimentalitäten. »Komm rein!«, sagte sie knapp und trat einen Schritt zur Seite.

Offensichtlich enttäuscht trat er ein, jetzt bemerkte sie erst den hübschen bunten Wildblumenstrauß in seiner rechten Hand, der nun ein wenig traurig herunterhing. »Alles okay bei dir?«, fragte Tim. »Bist du sauer, weil ich mich so lange nicht gemeldet habe? Ich musste mich wirklich auf meine Arbeit konzentrieren.«

Sie lachte bitter auf. »Nein, deswegen bin ich nicht sauer. Eher darüber, dass du noch eine andere Freundin hast. Oder sind es vielleicht gleich mehrere?« Zornig funkelte sie ihn an, konnte es kaum begreifen, dass der Mann tatsächlich die

Dreistigkeit besaß, völlig verdutzt dreinzugucken. Er fühlte sich wohl sehr, sehr sicher. »Zufällig habe ich euch gestern im Englischen Garten gesehen, dich und diese, ja, herzlichen Glückwunsch, wirklich heiße Blondine.« Ihre Stimme triefte vor Spott. Aber immer noch besser, als wenn ihr die Tränen kamen. Dummerweise spürte sie ohnehin schon einen dicken Kloß im Hals.

Tim trat einen Schritt auf sie zu. »Dann habe ich dich gestern also doch richtig erkannt. Und ich dachte schon, ich spinne mir was zusammen. Kleiner Wunschtraum. Ich fürchte, zwischen uns gibt es ein riesiges Missverständnis.«

Er grinste schief, doch Lisa stieg auf seine Heiterkeit nicht ein. Was dachte er sich eigentlich? Dass sie so naiv war und jeden Blödsinn glaubte? Jetzt sah Tim sie eindringlich an. »He, ich habe keine andere. Im Gegenteil, noch nie war ich so verliebt wie in dich.«

Fassungslos über so viel Frechheit schnaubte sie auf. Am liebsten hätte sie sich die Finger in die Ohren gesteckt, um den Schmus nicht länger anhören zu müssen. »Das kannst du gerne deiner blonden Tussi erzählen«, fuhr sie ihn an. »Für mich bist du wirklich das Aller …, Allerletzte!« Mist, jetzt fing sie doch an zu heulen. »Bitte geh einfach! Und sofort!«

Sie riss die Tür auf und wandte den Kopf ab. Tim schien einen Moment lang zu zögern, dann ging er aus der Wohnung. Aus dem Augenwinkel bemerkte sie, wie er vorher noch den Blumenstrauß auf ihre Kommode gelegt hatte. Atemlos vor Wut schnappte sie sich den Strauß und warf ihn hinter dem Mann her. Dann knallte sie die Tür ins Schloss. Okay, ziemlich peinlich, wie sie sich hier aufführte. Sophie, die sie doch immer für so vernünftig und besonnen gehalten hatte, würde ihren Augen nicht trauen. Schwer atmend rutschte sie an ihrer Wohnungstür herab, hockte schließlich wie ein Häufchen Elend in ihrem Flur. Wie ein heulendes Häufchen Elend wohlgemerkt. Und im Moment hatte sie auch keinen blassen Schimmer, wie sie es anstellen sollte, damit diese blöden Tränen irgendwann mal versiegten.

Erleichtert sah Sophie später während des gemeinsamen Abendessens mit Katrin und den Hafners in die Runde. Es herrschte eine gelöste Stimmung, während sie sich über Klaras bevorstehenden Geburtstag und das kurz darauf folgende Dorffest unterhielten.

»Sophie hat gestern ein hübsches grünes Dirndl in deinem Laden anprobiert«, sagte Michael zu seiner Verlobten. Als er ihren säuerlichen Gesichtsausdruck registrierte, verbesserte er sich rasch: »Äh, in deiner Boutique, meine ich natürlich.«

Schnell senkte Sophie ihren Kopf über den Brotkorb, sonst hätte man noch ihr Grinsen gesehen. Nein, das war wirklich kindisch von ihr.

»Ja?«, fragte Katrin mit großen Augen nach. »Und hat es ihr gut gestanden?«

»Sie hat wunderschön ausgesehen!«, sagte Michael im Brustton der Überzeugung.

Sophie hätte ihn, als sie Katrins bestürzte Miene bemerkte, am liebsten unter dem Tisch gegen das Schienbein getreten. Sehr feinfühlig gegenüber seiner Verlobten war das nun wirklich nicht gewesen. Auch wenn sie sich im Grunde ihres Herzens über das Lob freute.

»Ich würde es ihr gerne zum Dorffest schenken. Da tragen doch viele Tracht.«

»Nein, das geht wirklich nicht!«, mischte sich Sophie entsetzt ein, sie hatte noch zu gut den stolzen Preis des Kleides im Kopf. »Das wäre mir ganz schrecklich peinlich.«

Da tätschelte Katrin ihr die Hand. »Ach, lass das einfach unsere Sorge sein!« Danach zwinkerte sie Michael übertrieben zu. »Vielleicht schenkt es dir ja eine gute Fee.«

»Wie in ›Aschenputtel‹«, erklärte Klara. »Die schenkt dem ›Aschenputtel‹ auch ein wunderschönes Kleid«, vermutlich nur rein zufällig warf das Mädchen Katrin einen raschen Blick zu, »damit es trotzdem auf den Ball gehen kann, auch wenn die böse Stiefmutter das nicht will.«

Sophie hielt peinlich berührt den Atem an. Doch Katrin schien sich zum Glück gar nicht angesprochen zu fühlen. Sie gähnte laut, dann hielt sie Michael die Hand mit dem Bettelarmband hin. »Kannst du es mir bitte öffnen?«

»Klar.« Geschickt öffnete er den Verschluss, ließ dann das Armband in die kleine kirschrote Keramikschüssel auf dem Sideboard gleiten, in der Katrin für gewöhnlich ihren Schmuck ablegte.

Jetzt gähnte die Frau erneut. »Seid mir nicht böse, ich bin todmüde und werde ins Bett gehen. Gute Nacht allerseits!«

Michael warf ihr einen erstaunten Blick zu. »Wir wollten heute Abend doch noch reden.«

Kurz zuckte Katrin zusammen, eine Sekunde lang war auf ihrem Gesicht so etwas wie Unbehagen zu erkennen. Gleich darauf hatte sie sich wieder im Griff. »Morgen, Liebling!«, flötete sie in Richtung ihres Verlobten. »Heute plaudere ich nur noch mit der Matratze.«

»Schlaf gut!«, rief Sophie ihr zu.

Katrin sah sie mehrere Sekunden lang an, um dann mit einem kleinen Lächeln zu erwidern: »Du auch, meine Liebe!«

Sophie war tatsächlich, kaum hatte sie sich ihre Decke bis unters Kinn gezogen, sofort eingeschlafen. Doch jetzt, mitten in der Nacht, warf sie sich unruhig im Bett hin und her, um schließlich hellwach in die Dunkelheit zu starren. Was war das denn für ein Geräusch gewesen? So, als ob jemand in ihr Zimmer gekommen wäre und die Schranktür geöffnet hätte. Aber weder Franz noch Klara lagen neben ihr. Außerdem, warum sollten sich die beiden an ihrem Schrank zu schaffen machen? »Vielleicht schlafwandelt einer von ihnen«, schoss es ihr durch den Kopf.

Im nächsten Augenblick machte sie auch schon ihre Nachttischlampe an, sprang aus dem Bett und war in drei Sätzen an ihrer Schranktür, die sie schnell öffnete. Nein, keine Spur von den Kindern. Nur ihre Kleider und Blusen, ganz am Rand ihre warme dunkelgrüne Lodenjacke, hingen friedlich vor sich hin. In der nächsten Sekunde blieb Sophie vor Schreck fast das Herz stehen. Jemand hatte sie von hinten angetippt – sie fuhr herum und schaute in das verwirrte Gesicht von Franz. »Was ist denn heute Nacht bloß los?«, murmelte er. »Alle rennen im Haus herum.«

Die letzten Worte konnte man nur noch erahnen, denn der Bub war mittlerweile ins Bett geklettert und bereits halb eingeschlummert. Lächelnd betrachtete Sophie ihn, wollte sich ebenfalls wieder neben Franz ins Bett drängeln, der alle viere von sich gestreckt hatte. Da wurde ihre Zimmertür erneut geöffnet. Klara stand vor ihr, in der einen Hand ein Kuschelschaf, in der anderen einen Teddy. »Kann ich bei dir schlafen?«, nuschelte sie mit halbgeschlossenen Augen. »Katrin ist doch wieder zu Papa ins Bett gekommen.«

Verwundert runzelte Sophie die Stirn. War in dieser Nacht tatsächlich die große Völkerwanderung im Haus ausgebrochen? Egal, sie war selbst todmüde und wollte einfach nur noch schlafen. »Aber klar, Mäuschen, wir quetschen uns einfach zusammen«, sagte sie leise und ließ Klara unter ihre Decke schlüpfen, bevor sie es sich selbst auf einem schmalen Plätzchen am Bettrand bequem machte. Nun ja, bequem war vielleicht nicht das richtige Wort, aber in der nächsten Sekunde übermannte sie trotzdem der Schlaf.

Am nächsten Morgen wurde sie von einem sanften Rütteln an ihrer Schulter geweckt. »Sophie«, hörte sie Michaels Stimme leise an ihrem Ohr. Und nochmals: »Sophie.«

Verwirrt öffnete sie die Augen, schreckte gleich darauf zurück, als sie Michaels Gesicht ganz nahe vor ihrem eigenen sah. Oha, warum beugte der sich denn über ihr Bett und hatte eine Hand auf ihre Schulter gelegt. Vor allem um eine Uhrzeit, zu der seine Kinder normalerweise noch schliefen. Auch wenn Sophie sich dagegen wehrte, durchflutete sie ein wohlig heißer Schauer nach dem anderen. Möglichst beiläufig rückte sie einige Zentimeter zur Seite – was ohnehin nicht einfach war, denn Klara klebte regelrecht an ihrem Rücken. Ach ja, deshalb war ihr wohl so wahnsinnig heiß.

»Alles okay?«, fragte sie jetzt ihren Chef, der sich inzwischen wieder aufgerichtet hatte.

»Na ja, könntest du vielleicht runter in die Küche kommen?«

»Ja, ich zieh mich nur schnell an.«

Mit einem schiefen Lächeln nickte er ihr zu. »Es lässt sich bestimmt alles klären.«

»Sicher«, murmelte sie, dabei hatte sie keinen blassen Dunst, was es denn überhaupt zu klären gab.

Gleich darauf sollte sie es erfahren. Denn als sie mit verstrubbeltem Haar, in Trainingshose und T-Shirt in die Wohnküche kam, sah sie Katrin mit bleichem Gesicht am Tisch sitzen und in ihrem Kaffee rühren. Erschrocken blinzelte Sophie. Michaels Verlobte sah ja geradezu krank aus. Oder lag das nur daran, dass sie ihre Chefin zum vermutlich ersten Mal ungeschminkt erlebte? »Guten Morgen«, sagte Sophie leise. »Ist alles in Ordnung mit dir?«

»Wie man's nimmt«, gab die Angesprochene in scharfem Ton zurück. »Oder wie würde es dir gehen, wenn sich dein Armband auf einmal in Luft aufgelöst hätte?«

Sie warf Sophie einen Blick zu, der sich so eisig kalt anfühlte, als ob plötzlich der Winter ausgebrochen wäre. Den Grund dafür konnte sich Sophie jedoch absolut nicht erklären. Schulterzuckend drehte sie sich um ihre eigene Achse und ließ den Blick über die Wohnküche schweifen.

»Aber wo soll das Armband denn hingekommen sein? Du hast es doch gestern Abend selbst in die rote Schale gelegt.«

Sie schaute in die Schale, in der jedoch außer einer zitronengelben Haarspange von Klara nichts lag. Echt komisch und natürlich ärgerlich, aber warum man sie deswegen an einem Sonntag um 8 Uhr wecken musste, war ihr beim besten Willen nicht klar. Schließlich war sie hier doch nicht für alles zuständig oder etwa doch? Aufmunternd lächelte sie in Katrins Richtung. »Wenn du willst, helfe ich dir beim Suchen!«

Anstatt sich zu bedanken, lachte die Angesprochene schrill auf. »Du willst mir helfen?«

Es wurde wirklich immer seltsamer. In diesem Moment betrat Michael die Küche und sah seine Verlobte scharf an. »Du hast die Sache doch jetzt hoffentlich geklärt, oder?«

Katrin straffte den Rücken. »Nein, leider nicht. Ich habe Sophie die Chance gegeben, zu gestehen, dass sie das Armband genommen hat, aber sie spielt ja die Unschuldige!«

Entsetzt riss Sophie ihre Augen auf. Von daher wehte also der Wind! »Aber … ich habe das Armband nicht genommen. Nie im Leben würde ich so etwas tun!«, stammelte sie, während sich der Raum um sie herum zu drehen begann. Keine Frage, sie befand sich von jetzt auf gleich in einem Albtraum der schlimmsten Sorte. Und auch wenn sie unschuldig war, färbte sich ihr

Gesicht vor Scham knallrot. Allein der Gedanke, dass man ihr so einen Diebstahl überhaupt zutraute. »Wirklich nicht«, fügte sie hinzu, schaute abwechselnd zwischen Michael und Katrin hin und her.

Ihr Chef legte begütigend einen Arm auf ihre Schulter. »He, ich vertraue dir doch. Bestimmt hat Katrin das Armband nur verlegt.« Wieder warf er seiner Verlobten einen strengen Blick zu. »Wir hätten Sophie gar nicht damit behelligen sollen.«

»Ha! Jetzt bin ich also die Böse!«, schrie Katrin auf. »Weil ich in der Früh joggen gehen möchte und zufällig bemerke, dass mein Armband fehlt!«

Angriffslustig funkelte sie Michael und Sophie an. »Sie hat doch sogar betont, dass ihr mein Armband schon bei unserer ersten Begegnung aufgefallen ist. Ganz klar, seither ist sie scharf darauf gewesen, es mir bei nächster Gelegenheit zu stehlen. Vielleicht sollten wir Sophies Sachen durchsuchen?«

Die Beschuldigte verzog das Gesicht zu einer ratlos wirkenden Grimasse, offenbar war Katrin völlig durchgedreht. »Ja, mach das ruhig! Wenn es dir danach besser geht.«

»Und ob ich das mache!«, sagte Katrin. »Dann werden wir ja vielleicht rausfinden, ob du das Armband genommen hast. Oder soll es etwa Sissi gewesen sein?«

»Was hat Sissi gemacht?«, fragte da Franz, der neben Klara, beide in quietschbunten Schlafanzügen, im Türrahmen stand. Sissi, die die ganze Zeit unter dem Tisch gedöst hatte, fühlte sich offenbar angesprochen und sprang schwanzwedelnd auf. »Nichts, alles bestens«, sagte Sophie, bemühte sich um einen unbeschwerten Tonfall, dabei schnürte sich ihr immer mehr die Kehle zu. Irgendetwas lief hier gewaltig schief.

Nur Minuten später standen Sophie, Katrin und Michael in Sophies Zimmer, während sich die Kinder im Wohnzimmer die »Biene Maja« im Fernsehen anschauten.

»Bitte, seht euch ruhig um, ich habe absolut nichts zu verbergen!«, sagte Sophie mit zittriger Stimme. Sie hörte selbst heraus, dass sie jeden Moment in Tränen ausbrechen würde.

Michael, dem ins Gesicht geschrieben stand, wie unangenehm ihm die ganze Sache war, seufzte laut auf, dann nahm er beschützend ihre Hand in seine. »He, ich bin mir ganz sicher, dass du das Armband nicht genommen hast.« An Katrin gewandt fügte er hinzu: »Was tun wir hier eigentlich?«

Wie ein aufgeschrecktes Huhn plusterte sich Katrin auf. »Ja, sollen wir denn alles auf sich beruhen lassen? Und weiterhin mit einer Diebin unter einem Dach wohnen, als ob rein gar nichts geschehen wäre?«

So elend sich Sophie auch fühlte, Katrins hysterisches Verhalten brachte sie dennoch auf die Palme. »Durchsuch doch einfach meine Sachen, damit das endlich ausgestanden ist!«, sagte sie so ruhig wie möglich, machte dabei eine weit ausholende Geste. »Du kannst überall reinschauen.«

»Darauf kannst du dich verlassen«, murmelte Katrin und öffnete hintereinander die Nachttischschublade und die Fächer der kleinen Kommode, in denen Sophie ihre Unterwäsche aufbewahrte. Seltsam halbherzig, wie es der Münchnerin kurz durch den Kopf schoss. Also, wenn sie selbst etwas suchen würde, wäre sie sicher gründlicher. Aber das war jetzt natürlich völlig nebensächlich.

Schließlich öffnete Katrin die Türen des alten Bauernschrankes, fasste hinter die Pullover, um danach die daneben hängenden Blusen zur Seite zu schieben. »Das gibt's doch nicht«, murmelte sie, während sie sich zum Schrankboden hinunterbückte.

In der nächsten Sekunde hielt sie mit dem vernichtenden Blick einer Rachegöttin ihr Bettelarmband in die Höhe. »Willst du jetzt immer noch behaupten, du hast es nicht genommen!?«

Nach Luft schnappend riss Sophie ihre Augen auf. Bestimmt war sie hier im falschen Film oder sie träumte etwas ganz Gemeines. »Ich habe wirklich keine Ahnung, w … wie das Armband hierher kommt«, stotterte sie.

Um sie herum war plötzlich nur noch Nebel, schemenhaft konnte sie Katrins vor Wut verzerrtes Gesicht erkennen und auch das von Michael, der sie – ja, anders konnte sie seinen Blick nicht deuten – völlig fassungslos anschaute.

9

Nach einigen Sekunden hatte sich Sophie wieder gefasst. Was auch immer hier für seltsame Dinge vor sich gingen – sie hatte dieses Bettelarmband nicht geklaut und musste sich deshalb von Katrin auch nicht als Diebin beschimpfen lassen. »Ich habe keine Ahnung, wie das Armband in meinen Schrank kommt«, sagte sie so ruhig wie möglich, auch wenn ihr Herz immer noch wie verrückt pochte.

Michael nickte. »Ich hätte auch nichts anderes von dir gedacht, vielleicht haben die Kinder es ja zum Spielen genommen und es ist irgendwie in den Schrank gerutscht.«

»Aber sicher doch«, schaltete sich nun Katrin mit grimmiger Stimme ein. »Und mein Name ist Hase!« Mit einer hektischen Handbewegung strich sie sich eine dunkle Haarsträhne aus dem Gesicht, was fast komisch aussah, da ein paar Haare an ihrer Nase hängen geblieben waren.

Doch zum Lachen war Sophie im Moment eher nicht zumute. »Ich kann euch versichern«, sagte sie eindringlich, »ich habe in meinem ganzen Leben noch nie etwas gestohlen und werde ganz bestimmt nicht bei euch damit anfangen.« Sie warf Katrin, die sie mit zusammengepressten Lippen anstarrte, einen flehenden Blick zu. »Ich habe dieses Armband nicht genommen, außer ich bin in der Nacht geschlafwandelt und weiß von nichts.«

Bei den letzten Worten stand auf einmal Franz in der Tür und riss aufgeregt die Augen auf. »Du bist heute Nacht auch schlafgewandelt? Wie die Katrin?«

Die Letztgenannte quiekte auf, als ob sie sich auf eine spitze Nadel gesetzt hätte. »Was redest du denn für einen Riesenblödsinn daher, du dummes Gör!« So als ob sie dem Buben eine Ohrfeige verpassen wollte, hob sie die Hand.

Instinktiv trat Sophie dazwischen, doch Michael war noch schneller gewesen. Beschützend legte er den Arm um den Buben, nicht ohne vorher Katrin noch einen vernichtenden Blick zuzuwerfen. »Franz, jetzt erzähl einmal, wie du darauf kommst, dass die Katrin heute Nacht geschlafwandelt ist.«

»Na ja, weil sie zuerst runter in die Küche ist, dann in Sophies Zimmer und dann erst wieder zurück in dein Schlafzimmer.« In vorwurfsvollem Ton fügte er hinzu: »Und ich musste die ganze Zeit im Schlafanzug hinter dem Schrank im Flur stehen und warten, bis endlich wieder Ruhe war, erst dann bin ich zur Sophie ins Bett gegangen.«

An die Letztgenannte gewandt fragte er: »Das hat dich doch nicht gestört, oder?«

»Nein, gar nicht«, sagte sie, während ihr langsam dämmerte, was sich hier abgespielt hatte. Unglaublich, dass Katrin ihr einen Diebstahl in die Schuhe schieben wollte. Denn darauf lief es doch hinaus, oder? Sie wagte einen raschen Seitenblick in ihre Richtung und erschrak angesichts der schluchzenden Frau, die mit verzerrten Gesichtszügen neben ihr stand. Fast konnte sie einem leidtun. Aber eben nur fast. Da riss Michael sie aus ihren Gedanken: »Sophie, es tut mir wahnsinnig leid, was eben passiert ist. Ich hoffe, du kannst mir noch einmal verzeihen.«

»Ja, natürlich«, brachte sie noch etwas mühsam hervor. *Er* hatte sie schließlich nicht behandelt wie eine Schwerverbrecherin.

Franz, dem natürlich nicht klar war, in welches Drama er da hineingeraten war, tätschelte Sophie die Hand. »Brauchst dir wegen dem Schlafwandeln keine Sorgen machen, ist gar nicht so schlimm, habe ich letztens in einer Kindersendung im Fernsehen gesehen.« Sophie nickte automatisch, konnte aber den Blick nicht von Michael wenden, der Katrin scharf ansah.

»Komm, wir müssen reden, dringend.« Mehr sagte er gar nicht. Doch dem grollenden Unterton seiner Stimme war anzumerken, dass er sich vermutlich sehr anstrengen musste, um in der nächsten Sekunde nicht zu explodieren.

»Und was ist dann passiert?« Lisas Stimme klang dermaßen aufgeregt, als ob sie jeden Moment vor Neugier platzen würde.

Sophie, die es sich auf ihrem Bett zum Telefonieren bequem gemacht hatte, seufzte angesichts dieses durch und durch unglücklichen Morgens gequält auf. »Über eine Stunde haben der Michael und die Katrin lautstark miteinander diskutiert, und dann ist sie mit ihrem Auto davongebraust.«

»Und? Ist es jetzt aus zwischen ihnen?«

Sophie, die Michael den restlichen Tag so gut wie möglich aus dem Weg gegangen war, zuckte mit den Schultern. Dann wurde ihr erst klar, dass Lisa sie ja logischerweise nicht sehen konnte. »Keine Ahnung, ich hoffe natürlich nicht.«

»He, die Frau war doch ohnehin nicht gerade die Sympathischste! Da ist es doch gut, wenn sie aus eurem Leben verschwindet!«, entgegnete Lisa entrüstet.

Angesichts des flammenden Plädoyers ihrer Freundin musste Sophie grinsen. Dann spürte sie wieder diesen dicken Kloß im Hals. Ja, auch wenn sie die exzentrische Katrin, die auch kein großes Herz für Kinder zu besitzen schien, von Beginn an nicht besonders gemocht hatte, hätte sie doch nicht gewollt, dass ihre Bekanntschaft so übel endete. Abgesehen davon fühlte sie sich nicht ganz unschuldig an dem Zerwürfnis zwischen Michael und der Boutiquenbesitzerin.

Das sagte sie auch zu Lisa, die davon gar nichts wissen wollte. »Wie kommst du denn jetzt auf diese Idee?«, fragte die.

Sophie schluckte einige Male, dann sagte sie leise: »Weil ich in den Michael verliebt bin. Ist doch klar, dass sie das mitgekriegt hat und eifersüchtig geworden ist.«

Bei den letzten Worten kamen ihr die Tränen, dann hörte sie, wie Lisa am anderen Ende der Leitung scharf einatmete. »Eifersucht ist eine Sache für sich, meine Süße, aber jemandem ein Verbrechen in die Schuhe zu schieben, ist echt das Letzte!«

Da Sophie noch immer weinte, fügte sie hinzu: »Und jetzt aufstehen, Krönchen richten und weiterlaufen! Du hast dir echt nichts vorzuwerfen!«

Erleichtert registrierte sie, wie ihre Freundin auflachte. Na, ging doch. »Okay, das werde ich machen.«

Lisa lachte auch. »Und wer weiß, vielleicht verliebt sich der Michael ja auch noch in dich. Ich hab fast das Gefühl, ihr zwei würdet echt gut zusammenpassen.«

»Daran will ich gar nicht denken«, konterte Sophie, der jedoch bei dem Gedanken daran sofort wieder ganz heiß wurde. Ziemlich peinlich. Hektisch wechselte sie daraufhin das Thema: »So, und jetzt erzähl du endlich von deinem Tim.«

»Er ist nicht mehr mein Tim, auch wenn er mal mein Traummann war«, schnaubte Lisa. »Denn sein Traum ist es ganz offensichtlich, gleich mehrere Frauen gleichzeitig zu beglücken.«

Es hätte wohl witzig klingen sollen, aber Sophie konnte ohne Zweifel heraushören, dass die Ärmste am Boden zerstört war.

Eine ganze Weile lag Sophie später noch wach, grübelte über Tim. Dabei hatte der Kinderbuchautor in Lisas Schilderungen wirklich so richtig sympathisch gewirkt, kaum zu glauben, dass er ein solcher Hallodri war! Mit einem tiefen Seufzer drehte sie sich auf die andere Seite. Sie wollte endlich einschlafen und aufhören, über andere Paare nachzudenken. Doch es funktionierte nicht. Für die Kinder war es womöglich wirklich besser, wenn die Beziehung ihres Vaters geendet hatte, und Michael mit einer Frau zusammenkam, die Franz und Klara richtig mochte.

»Ihr zwei würdet gut zusammenpassen«, hatte sie noch Lisas Worte im Ohr.

Unwillkürlich zog sich ein Lächeln über ihre Lippen. Gleich darauf tippte sie sich an die Stirn. Aua, erschrocken rieb sie sich den Kopf, ihr Schlag war etwas zu hart gewesen. Aber so kam sie wenigstens wieder zur Besinnung. Also wirklich, was für seltsame Ideen sie hatte! So weit kam's noch, dass *sie* sich jetzt an den Michael ranmachte! Nein, sie würde sich völlig korrekt verhalten. Müde schloss sie die Augen, sah den breitschultrigen Landwirt in seinem rot-blau karierten Hemd mit hochgekrempelten Ärmeln vor sich, wie er sie anlächelte. Mit diesem Bild schlief sie endlich ein, denn ein bisschen träumen, ja, das durfte man schließlich noch.

Als Sven am Montagmorgen mit festen Schritten das Münchner Architekturbüro betrat, bemühte er sich um einen gleichgültigen Gesichtsausdruck. Schließlich würde er jeden Moment Yvonne über den Weg laufen. Und diese dumme Kuh brauchte gar nicht zu denken, dass er ihr in irgendeiner Weise nachweinte. Nein, sie war es gar nicht wert, dass er überhaupt noch einen Gedanken an sie verschwendete. Was im Grunde genommen ihr Glück war, denn er konnte es wirklich niemandem empfehlen, sich ihn zum Feind zu machen. Erneut loderte Zorn gegen Sophie in ihm auf, obwohl er sich das ganze Wochenende selbst gut zugeredet hatte, dass er sich nur erneut in Schwierigkeiten bringen würde, wenn er sie nicht endlich in Ruhe ließ. Doch ein Teil seines Gehirns war für Vernunft völlig unzugänglich. Genau genommen ein nicht unerheblicher Teil, der ihn darauf bloß zum »Schlappschwanz und Waschlappen!« degradierte.

»Ruhig bleiben, einfach nicht mehr an Sophie denken, lass dir von diesem Aas nur nicht das Leben versauen«, redete er sich ein, als er bei seinem Schreibtisch ankam. Ja, natürlich, er wollte hier Karriere machen, in nicht allzu weiter Ferne selbst auf dem Chefsessel sitzen. Da machte es sich natürlich nicht gut, wenn er Probleme mit der Polizei bekam. Auch wenn Sophie es wirklich verdient hätte, dass er sie ausfindig machen und sich um sie kümmern würde. Scheinbar vergnügt pfiff er vor sich hin, dabei sah er sich unauffällig um. Von Yvonne war nichts zu sehen, allerdings hörte er ihr helles Lachen aus der Teeküche. Haha, er hatte auch gute Laune, und was für eine! Mit einem aufgesetzten breiten Grinsen im Gesicht schaltete er seinen Computer an.

»Sven, hast du einen Moment Zeit?« Georg hatte ihm auf die Schulter getippt. »Der Chef möchte dich sprechen.«

»Ach, weiß er nicht mehr weiter?«, machte Sven einen Witz, den er selbst für ziemlich gelungen hielt.

Gut, Georg blieb ernst, nicht das winzigste Lächeln zeichnete sich auf seinem Gesicht ab. Eher ein Zeichen dafür, dass der Mensch nicht gerade mit Humor gesegnet war. Mann, Mann, Mann, was für eine langweilige Bude! Mit gerunzelter Stirn stand er auf und ging in gemächlichem Tempo zum Büro von Jochen Schwendt. Bevor er an die Tür klopfte, strich er sich nicht wenig selbstgefällig eine Haarsträhne aus der Stirn. Inzwischen ging er davon aus, dass Jochen ihm ganz besondere Aufgaben übertragen würde. Solche, für die die anderen Kollegen nicht fähig genug waren. Kurz schaute sich Sven nach Georg um, der immer noch an seinem Schreibtisch stand und ihm mit wohl nachdenklicher Miene nachsah. Ach, Georg! Vor einigen Tagen hatte man ihn zum Teamleiter berufen. Er machte seine Sache vielleicht nicht schlecht, aber dass er mit seiner Gutmütigkeit nicht weit kommen würde, darauf mochte Sven wetten. Jetzt verbiss er sich ein Grinsen. Ja, da hatte wohl jemand Sorge, dass der Boss herausgefunden hatte, wer hier schlauer war als die anderen.

»Hast du einen Moment Zeit?«

Sophie, die eben Franz und Klara in den Kindergarten gebracht hatte, und nun wieder zurück auf dem Hafner-Hof aus Michaels Geländewagen gestiegen war, zuckte erschrocken zusammen. Ihr Chef stand plötzlich vor ihr, berührte sie leicht am Arm. Sofort begann diese Stelle wie verrückt zu prickeln, konnte das denn nie aufhören? Es war zum Wahnsinnigwerden!

»Die Hühner habe ich schon vorhin gefüttert und wollte gleich mal in den Hofladen«, stammelte sie.

Oh bitte, konnte Michael denn nicht endlich damit aufhören, sie so anzusehen? Ernst und verwirrt zugleich ruhten seine grüngrauen Augen auf ihr – und sie fühlte sich wie Kerzenwachs, das immer mehr dahinschmolz. »Ja, danke«, sagte ihr Chef mit einem Augenzwinkern. »Kaum zu glauben, was du alles in so kurzer Zeit schaffst.«

»Aber geh«, antwortete sie und zog dabei nervös ihr rot geringeltes T-Shirt über die Jeans. Wenn sie so weiter machte, war es bald so lang wie ein Nachthemd. »Du glaubst gar nicht, wie oft ich herumtrödle.«

»Kann ich mir zwar nicht vorstellen.« Kurz lachte Michael auf, dann wurde er wieder ernst. »Ich würde gerne noch mal in Ruhe mit dir reden, gestern bist du mir ja die ganze Zeit aus dem Weg gegangen.«

»Och, das war Zufall«, schwindelte sie drauflos, folgte Michael dann aber doch in die Wohnküche, in der bereits zwei Tassen mit dampfendem Kaffee auf dem Tisch standen. Sogar Milchschaum hatte ihr Chef aufgeschlagen, was sie so gern mochte. Verlegen schaufelte sie, nachdem sie sich zusammen an eine Tischecke gesetzt hatten, drei Löffel voll in ihre Tasse. »Was willst du denn mit mir besprechen?«, fragte sie. Und fügte hinzu, als ihr einfiel, dass sie das schon längst hätte sagen sollen: »Tut mir übrigens total leid, dass du und die Katrin euch gestritten habt.«

Michael zog eine Grimasse. »Gestritten, na ja, eigentlich ist es viel mehr als ein Streit, wir sind gar nicht mehr zusammen. Und das ist sicher besser so.«

Ups, auch wenn es ihr völlig fehl am Platz erschien, machte ihr Herz einen tüchtigen Satz. Aber Michael als Single. Alleine der Gedanke beflügelte sie. Im nächsten Moment hasste sie sich bereits dafür. Abscheulich! Kaum hatte Katrin das Haus verlassen, machte sie sich bereits Hoffnungen. Dabei war es doch schon total daneben gewesen, sich in einen Mann zu verknallen, der mit einer anderen verlobt war. Womöglich hatte nur die Eifersucht das Schlechteste aus der Katrin herausgeholt.

»Na ja, vielleicht kommt ihr ja wieder zusammen«, murmelte Sophie schuldbewusst.

Michael, der gerade einen Schluck von seinem Kaffee getrunken hatte, schaute sie nachdenklich an. Dabei zauberte die Sonne, die eben hinter einer Wolke hervorgekommen war und nun kräftig zum Fenster hereinschien, goldene Schatten auf seine Wangen. Instinktiv wollte Sophie darüberstreichen, die leichten Bartstoppeln fühlen. Vorsicht, wenn sie nicht aufpasste, tat sie das wirklich noch. »Für mich ist unsere Beziehung endgültig vorbei, die Sache mit dem Armband war da offen gesagt nur noch die letzte Bestätigung, dass es keinen Sinn mehr mit uns hatte«, riss Michael sie glücklicherweise aus ihren abartigen Träumereien. »Ich hoffe nur, die Kinder sind nicht allzu traurig, wenn sie Katrin nicht mehr so häufig sehen.«

Verdutzt blinzelte Sophie, überlegte, ob da so was wie Ironie in Michaels Stimme lag. Nein, der gute Mann war tatsächlich so naiv gewesen, zu denken, dass seine Verlobte, äh, Ex-Verlobte, ein inniges Verhältnis zu seinen Kindern hatte. »Ich denke, es wird schon irgendwie funktionieren, wenn wir die beiden ablenken«, bemühte Sophie sich um eine diplomatische Antwort.

Dass Klara und Franz womöglich einen Freudentanz aufführen würden, wenn sie erfuhren, dass Katrin aus ihrem Leben verschwunden war, würde sie natürlich nicht sagen. Oh, schon wieder schaute Michael sie so an. »Es gibt übrigens noch einen anderen Grund, warum mir klar geworden ist, dass das zwischen Katrin und mir keine richtige Liebe gewesen sein kann.«

»Aha.«

Mehr brachte sie nicht heraus, stattdessen hing sie an seinen Lippen, die sie nur zu gerne küssen würde. Heiliger Strohsack, wo kam denn dieser Gedanke her? Drehte sie jetzt völlig durch? »Ehebrecherin, Ehebrecherin«, hämmerte es auf einmal in ihrem Kopf. Ja, genauso fühlte sie sich. Man konnte es drehen und wenden, wie man wollte – aber ohne sie wären doch Michael und Katrin bestimmt noch ein Paar! Vielleicht kein allzu glückliches. Trotzdem, sie würde sich bestimmt nicht den frisch getrennten Michael krallen und sich selbst vorwerfen müssen, dass er sich ohne ihre Einmischung doch noch für Katrin entschieden hätte. Dummerweise konnte sie dennoch nichts anderes tun, als völlig hypnotisiert auf seinen Mund zu starren.

»Ich habe nämlich jemanden kennengelernt«, sagte er leise. Dabei – oder irrte sie sich etwa – neigte er seinen Kopf noch ein wenig näher heran.

Erschrocken wich sie ein Stück zurück. »Ja, mir ging es ja auch so, als ich.« Sie überlegte eine Sekunde, während er sie fragend anschaute. »Na ja, als ich den Christoph kennengelernt habe. Drum freue ich mich ja auch so, dass ich ihn heute Abend wieder treffe«, plapperte sie weiter. »Von der ersten Sekunde an war da so eine Verbindung, etwas ganz Besonderes.«

Okay, auf freundschaftlicher Basis war das nicht mal gelogen. Aber Michael interpretierte ihre Schwärmerei natürlich anders, zum Glück. »Das freut mich aber für euch«, sagte er, dabei klang er jedoch nicht allzu überzeugt. In zynischem Ton fügte er hinzu: »Wie herzig, die Münchnerin ist verliebt in einen Tiroler.«

Sophie, die bereits dabei war, ihre leere Kaffeetasse in den Geschirrspüler zu räumen, richtete sich auf und sah ihn fest an. Dann sagte sie vollkommen ehrlich: »Ja, tatsächlich, bis über beide Ohren bin ich in einen Tiroler verliebt.«

»Setz dich«, sagte Jochen Schwendt zu Sven, nachdem der mit nach vorn gereckter Brust das Chefbüro betreten hatte. Jochen, der mit seinen

Mitarbeitern einen freundschaftlichen Umgang pflegte und mit allen per Du war, zeigte auf den Besucherstuhl vor seinem Schreibtisch.

Sven ließ sich in das weiche Leder fallen, einigermaßen verwirrt, dass sein Chef, der doch sonst immer so fabelhaft gute Laune hatte, an diesem Morgen nicht mal ansatzweise lächelte. Dafür blätterte er mit ernster Miene in einem Stapel Unterlagen. Langsam beschlich Sven ein mulmiges Gefühl. Er musste an Yvonne denken, an die unschöne Szene in dem Lokal am Viktualienmarkt. Dieses Luder würde sich doch nicht beim Chef über ihn beschwert haben.

»Also wenn es um Yvonne geht …«, wagte er einen Vorstoß.

Jochen hob den Kopf und sah ihn fragend an. »Was soll mit Yvonne sein?«

Mehr als erleichtert amtete Sven auf. Puh, da war er wohl auf dem völlig falschen Dampfer gewesen. Was für ein Glück! »Ach, nichts, ich hoffe nur, dass sie sich nicht allzu viele Hoffnungen bei mir gemacht hat«, erklärte er mit einer wegwerfenden Handbewegung. Dann zog er eine Grimasse, die hoffentlich ausreichend treuherzig wirkte. »War bei mir eben nicht die große Liebe.«

»So, so, sehr interessant«, sagte Jochen und zog eine Augenbraue in die Höhe. »Aber euer Privatleben ist einzig und allein eure Sache. Mir dagegen ist es wichtig, dass wir hier ein gutes

Team sind und alle zusammen ebenso gute Arbeit leisten.«

»Sehe ich genauso«, warf Sven eilfertig ein, dabei nickte er unentwegt. »Vollen Einsatz für den Job.«

Erneut diese hochgezogene Augenbraue bei Jochen, die ihn allmählich nervös machte. Worauf wollte der Mann bloß hinaus? Wenn er ihm einen leitenden Posten übertragen wollte, nur zu! Nun stützte der Mittvierziger sein Kinn in die Hand, sah Sven mit unergründbarer Miene an. »Also …«

Er räusperte sich einige Male, was Sven so wütend machte, dass er diesen Deppen am liebsten an seinem Hemdkragen genommen und geschüttelt hätte. »Red doch endlich weiter, du Idiot!«, hätte er Jochen am liebsten angebrüllt. Aber nein, stattdessen musste er lammfromm dasitzen und abwarten, wann es dem feinen Herrn genehm war, weiterzureden.

»Sven«, sagte der jetzt. »Du bist ein ziemlich guter Zeichner und Planer.«

»Danke«, sagte der Angesprochene so bescheiden wie möglich, dabei hatte er das Gefühl, als ob das Lob ihn einen halben Meter in die Höhe wachsen ließ.

»Ja, aber man muss auch im Team arbeiten können, Ratschläge von anderen, die einfach mehr in die jeweilige Materie eingearbeitet sind, annehmen wollen.«

»Aber sicher doch!«

Jochen seufzte auf. »Das sehe ich aber leider nicht bei dir. Anstatt nachzufragen, machst du einen Alleingang nach dem anderen – und dadurch wirklich unsinnige Fehler.«

»Stimmt doch gar nicht!«, regte Sven sich auf. »Da muss ein völlig falscher Eindruck entstanden sein.« Entgeistert starrte er seinen Chef an. Wie konnte das denn nur passieren? Warum lief das Gespräch denn plötzlich in eine völlig falsche Richtung? »Ich arbeite verdammt gut im Team«, zischte er zwischen zusammengepressten Zähnen hervor. »Und wenn irgendeiner dieser Idioten, vielleicht Georg, etwas anderes behauptet.«

Offenkundig entsetzt über Svens Anfall riss Jochen Schwendt weit die Augen auf. »He, so wie du dich hier aufführst, zeigst du mir nur, dass meine Entscheidung goldrichtig war. Du bist noch in der Probezeit, also pack bitte in den nächsten zehn Minuten deine Sachen und verlass unser Büro!« Kopfschüttelnd fügte er hinzu: »Im Übrigen hat sich Georg die ganze Zeit für dich eingesetzt, sonst hätte ich mich womöglich schon nach einer Woche von dir verabschiedet.«

Sven konnte noch hören, wie Jochen mehr zu sich selbst hinzufügte: »Das wäre vielleicht sogar besser gewesen.«

Was? So redete keiner mit ihm! Außer sich vor Wut packte Sven seinen Chef mit einer Hand am Hemdkragen, holte mit der anderen Hand bereits zum Faustschlag aus. Nur zu dumm, dass der sich wehrte und laut aufschrie. Ehe Sven seinen Schlang landen konnte, wurde die Bürotür aufgerissen und Georg und ein anderer Kollege zerrten ihn von Jochen weg.

»Verschwinde hier, aber schnell!«, raunte Georg ihm ins Ohr. »Dann verzichtet der Chef vielleicht auf eine Anzeige.«

»Alles klar«, stöhnte Sven auf und machte sich mit einem Ruck frei. Wie er fand, sehr cool, fast wie ein Action-Held im Kinofilm stolzierte er aus dem Chefbüro. Nur zu gerne hätte er den Deppen hier ordentlich die Meinung gegeigt, verdient hätten sie es allemal. Aber auf eine Anzeige konnte er tatsächlich gut verzichten. Denn auf seiner Mission, die ihm nun wichtiger erschien als alles andere auf der Welt, konnte er einfach keine Störung gebrauchen. Als er kurz darauf mit seinem Laptop und ein

paar Kugelschreibern, die er noch hatte mitgehen lassen, die Treppe hinunterlief, war sein Entschluss gefasst: Er würde Sophie finden, kostete es, was es wollte. Und wenn er dieses gemeine Biest, wegen dem sein Leben total aus den Fugen geraten war, erst in seinen Fängen hätte, dann … Ein dreckiges Grinsen huschte über sein Gesicht. Ja, dann würde ihm schon einfallen, was er mit ihr anstellen könnte.

Am selben Abend saß Sophie mit der genesenen Irmi und Christoph im »Alfons« zusammen. Gerührt betrachtete sie das Geschwisterpaar, bei dem nun endlich alles klar war. Offenbar noch am gleichen Tag hatte Christoph seiner Schwester erzählt, dass ihre Verkupplungsversuche mit Frauen von vornherein zum Scheitern verurteilt waren.

Jetzt schüttelte Irmi lachend den Kopf. »Also, ein bisschen peinlich ist mir das schon, dass ich so lange auf der Leitung gestanden habe.«

Gutmütig strich Christoph ihr über die kurzen roten Fransen. »Braucht's nicht! Ich hätt ja schon lang was sagen können …«

»Allerdings«, erwiderte seine Schwester energisch. »Da ist doch rein gar nichts dabei!« Mit einer schiefen Grimasse wandte sie sich an Sophie. »Der gute Herr hat wohl wirklich geglaubt, ich hätte was dagegen, dabei bin ich sogar ein Riesenfan von Elton John!«

»Na, wenn das kein Beweis ist«, lachte Sophie amüsiert auf.

Sie war echt dankbar dafür, dass Irmi und Christoph sie mit ihrer guten Stimmung mitrissen und von der Aufregung am Hafner-Hof ablenkten. Obwohl, so schlimm war es dort vielleicht gar nicht mehr. Zumindest die Kinder hatten beste Laune, hatten – im Grunde so, wie Sophie es erwartet hatte – kein einziges Mal mehr nach Katrin gefragt. Nur mit Michael war es ein wenig komisch. War *sie* ihm am Vortag noch aus dem Weg gegangen, so hatte sie jetzt umgekehrt das Gefühl, dass er sich vor ihr zurückzog. Gedankenverloren ließ sie ihren dicken Zopf, den Klara ihr vorhin geflochten hatte, durch die Finger gleiten. Bestimmt war Michael einfach wegen Katrin durcheinander, in Kürze würden sich die Wogen wieder glätten. »Aber hoffentlich kommt er nicht mehr mit ihr zusammen«, meldete sich die wohlbekannte, unliebsame Stimme in ihrem Hinterkopf.

»Die beiden passen wirklich nicht zusammen!« Nein, aber das war nicht ihre Angelegenheit. Oh, jetzt erst merkte sie, dass sie den letzten Satz gar nicht gedacht hatte – der war nämlich von Irmi gekommen, die sie fragend anschaute. »Was sagst du zu Michael und Katrin?«

»Keine Ahnung.« Hilflos zuckte Sophie mit den Schultern. Sie wollte einfach nicht schlecht über die Katrin reden, niemals würde sie auch deren Betrug mit dem Bettelarmband weitererzählen.

Zum Glück mischte sich nun Christoph ein. »Eindeutig: Der Michael ist viel zu nett für diese Zicke«, sagte er, dann zwinkerte er Sophie zu. »Aber du würdest ganz wunderbar zu ihm passen.«

Mist, wie auf Kommando färbten sich ihre Wangen knallrot. Sie tat so, als ob sie die Bemerkung gar nicht gehört hätte. Stattdessen versteckte sie ihr Gesicht die nächsten Minuten hinter der Speisekarte, um schlussendlich einen Schinken-Käse-Toast zu bestellen. Obwohl sie absolut keinen Hunger hatte.

Zwei Tage später gab es für Lisa in München kurz Grund zu guter Laune: Sie telefonierte mit der Kinderbuchautorin von Sali, dem Salamanderjungen, und erfuhr, dass diese voll des Lobes über ihre ersten Zeichenentwürfe war.

»So toll habe ich es mir gar nicht vorgestellt!«, schwärmte sie. Tja, sie wusste zum Glück nichts von den Godzilla-Versuchen, da hätten sich ihr vor Schreck wohl alle Haare aufgestellt.

»Danke, das ist ein tolles Feedback«, antwortete Lisa und freute sich ehrlich.

Nur leider war dieses Hochgefühl bald darauf wieder wie weggeblasen. Stattdessen schwirrten ihre traurigen Gedanken einzig und allein um Tim und seine Lügen. Etliche Male hatte er bei ihr angerufen und ihr zahlreiche SMS mit der Bitte um Aussprache geschickt. Doch sie war hart geblieben, hatte es klingeln lassen und natürlich auch keine der Nachrichten beantwortet. Eigentlich konnte sie richtig stolz auf sich sein, dachte sie, als sie auf ihrem Sofa in einer Zeitung blätterte, ohne auch nur eine einzige der Überschriften richtig wahrzunehmen.

Schließlich war es gut, wenn sie bei Tims Masche, die er vermutlich bei allen seinen

Freundinnen anwendete, hart blieb. Mit einem tiefen Seufzer hob sie den Kopf, schaute zum offenen Fenster hinaus. Auf einem Ast des Kastanienbaums saß ein kleiner Spatz und tschilpte vergnügt vor sich hin. Oder lachte er sie etwa aus, weil sie so dumm war und sich nicht mal Tims Erklärungen angehört hatte? Vielleicht stellte sich ja wirklich alles als ganz harmlos heraus?

»Ja, ja, reines Wunschdenken«, murmelte sie.

Sie durfte einfach nicht mehr an diesen Mann denken. Fast erleichtert fiel ihr Blick auf den Poststapel, den sie vorhin dem Hausbriefkasten entnommen hatte, ohne ihn sich genauer anzusehen. Vermutlich war ohnehin nur Werbung dabei. »Tim«, formte sie leise mit den Lippen. Und auf einmal wurde ihr klar: Sie konnte unmöglich mit dem Mann abschließen, wenn sie nicht wenigstens ein letztes Mal mit ihm sprechen würde.

Schon wollte sie auf dem Handy seine Nummer wählen, da klingelte es unten an der Haustür. Ein überraschtes Lächeln huschte über ihr Gesicht, hier fand wohl gerade so etwas wie Gedankenübertragung statt. Ohne Arg drückte sie auf den Türöffner.

Wenige Sekunden danach riss sie erwartungsvoll die Wohnungstür auf – und stand nicht vor Tim, sondern Auge in Auge mit Sven, der sie hasserfüllt anstarrte.

»Wenn du mir nicht sofort erzählst, wo Sophie ist, wird dir das noch leidtun!«, schrie er sie an, während er die erschrockene Frau in die Wohnung zurückdrängte.

Vor Angst ganz starr schaute Lisa nach draußen, ob sich irgendjemand im Treppenhaus befand, der ihr helfen konnte. Nein, um diese Zeit waren so gut wie alle Mieter bei der Arbeit.

»Hilfe!«, schrie sie trotzdem, vielleicht hatte sie ja Glück.

»Halt den Mund!«, fuhr Sven sie an. Es war ihm anzusehen, dass er vor Wut fast platzte.

»Sag mir jetzt endlich, wo Sophie ist!« So, als ob er sie schlagen wollte, hob er die Hand, dabei wischte er den Stapel mit der Post von der Kommode. Lisa schrie erneut auf, doch dann spürte sie seine Hand am Hals. »Sag's endlich, du gemeines Luder!«

»Ich habe keine Ahnung«, flüsterte sie. Mit all ihrer Kraft hatte sie es geschafft, seine Hand von ihrer Kehle wegzuschlagen. »Sie hat es mir nicht erzählt!« Aufgeregt schnappte sie nach Luft. Auch wenn Sven völlig wahnsinnig war, durfte sie nicht in Panik geraten. Das würde ihm nur noch mehr Macht über sie geben. Und ausplaudern, dass ihre Freundin in Tirol war, würde sie nur über ihre Leiche. In der nächsten Sekunde packte sie das blanke Entsetzen. Sven war einfach alles zuzutrauen. »He, lass sie doch einfach in Ruhe«, versuchte sie trotzdem, den Mann zu beruhigen. »Dann kannst auch du ein neues Leben anfangen.«

Mit den Augen eines Wahnsinnigen warf er ihr einen vernichtenden Blick zu. Dann hob er erneut die Hand, allerdings so schnell, dass sie den Schlag, der sie brutal an der Oberlippe traf, nicht hatte kommen sehen. Schon im nächsten Moment schmeckte sie warmes Blut.

»Ja, bist du denn verrückt geworden, du Idiot!«

Das schrie nicht sie, sondern Tim, der plötzlich hereingestürzt kam und Sven in den Rücken boxte. »Lass sofort meine Freundin in Ruhe!«

Auch wenn das in dem Moment vielleicht nicht allzu wichtig war, freute sich Lisa über den Ausdruck »Freundin«. Sehr sogar. Vielleicht gab es ja doch eine harmlose Erklärung für die seltsame Begegnung im Englischen Garten.

Jetzt war natürlich etwas ganz anderes wichtig: Gerade hatte Tim den heulenden Sven in den Schwitzkasten genommen. »Wenn du dich hier noch einmal blicken lässt, war's das für dich«, knirschte der zum Glück äußerst schlagkräftige Kinderbuchautor.

»Ja, ja, hab's kapiert«, jaulte Sven auf, als Tim fester zudrückte. »Lass mich einfach gehen, und ihr seht mich nie wieder.«

Mit einem Blick, der Todesverachtung ausdrückte, ließ Tim den Stalker, der sich mühsam vom Boden aufrappelte, los. Keine zwei

Sekunden später war er zur Tür hinaus, so als ob er nie da gewesen wäre. Hätte auf Lisas Oberlippe keine Schramme geprangt, hätte sie vielleicht wirklich an Einbildung geglaubt.

Jetzt zumindest war sie völlig verzaubert von Tims Anwesenheit. »He, du Held, du hast mich ja gerettet«, sagte sie schwach.

»Ja, zum Glück, aber diesmal erstatten wir Anzeige.«

»Auf jeden Fall!«

Dann sahen sie sich eine Weile nur an, bis Tim sagte: »Die blonde Frau im Englischen Garten war meine Schwester, ich habe mich nur kurz mit ihr getroffen, um von dir zu erzählen.«

»Stimmt das wirklich?«, hauchte Lisa, der diese Erklärung sogar ziemlich plausibel vorkam.

»Ja, wenn ich darf, würde ich sie dir sehr gerne vorstellen.« Er ging einen Schritt auf Lisa zu, zögerte kurz, dann nahm er sie in die Arme. »Du hast mir schrecklich gefehlt«, flüsterte er ihr ins Ohr.

»Du mir auch.«

Dann sagten sie nichts mehr, küssten sich lang und innig. Und keinem von beiden war aufgefallen, dass Sven sich, bevor er aus der Wohnung gestürzt war, noch blitzschnell eine Ansichtskarte in die Jackentasche gesteckt hatte.

Zeitgleich in Ellmau grinste Klara mit ihren kleinen Geburtstagsgästen, die allesamt als Piraten und Piratinnen verkleidet waren, fröhlich in die Kamera.

»Jetzt noch mal, *cheese*!«, rief Michael und knipste ein letztes Foto. Dann wandte er sich an die neben ihm stehende Sophie. »Du hast wirklich das allerschönste Geburtstagsfest für Klara organisiert, das man sich nur vorstellen kann.«

Verlegen deutete Sophie zum wolkenlosen Himmel. »Na ja, das Wetter war für die Schatzsuche ja auch optimal.«

»He, jetzt lass dich doch einmal loben!«, lachte Michael und zog an ihrer Augenklappe. Denn als Teilnehmer der Piratenparty »Fluch der Karibik« waren natürlich auch sie beide entsprechend gekleidet – Michael als Piratenkapitän Jack Sparrow mit Filzlocken und Dreispitz und seine Seeräuberbraut Sophie mit Totenkopf-Bandana und schulterfreier Bluse.

»Du willst mich wohl zum Duell fordern!«, rief Sophie gespielt streng und stellte sich in Kampfstellung.

Dabei rutschte jedoch ihre Piratenhose ein Stück hinunter, was bei den Kindern sofort einen Heiterkeitsausbruch hervorrief. »Sophie, man sieht deine Unterhose!«, quiekte Klara und lief kichernd auf sie zu.

Das Mädchen umschlang ihre Beine, wollte sie wohl gar nicht mehr loslassen. Besorgt ging

Sophie in die Knie. »Alles in Ordnung, mein Schatz?«

»Mhm.«

»Wirklich?«

Klara schaute sie mit Tränen in den Augen an. »Glaubst du, meine Mama hatte heute auch Spaß bei meinem Geburtstagsfest?«

»Aber sicher«, sagte Sophie und räusperte sich. »Deine Mama hat heute vom Himmel runtergeschaut und sich sicherlich schlapp darüber gelacht, was wir für lustige Spiele gemacht haben.«

Klara nickte. »Ja, der Stopptanz.«

»Und besonders gut hat ihr bestimmt die Schatzsuche gefallen, weil ich da die meisten Schokomünzen gefunden habe«, mischte sich Franz mit vollem Mund ein. Eben hatte er herzhaft in einen Erdbeermuffin gebissen, wischte sich nun die Brösel vom Kinn und schaute in den Himmel. »Bestimmt hat die Mama jetzt Muskelkater im Bauch.«

»Gut möglich«, sagte Sophie leise und schaute ebenfalls hinauf. Dann legte sie einen Arm um Klara, den anderen um Franz. »Auf jeden Fall ist eure Mama ganz doll stolz auf ihre lieben Kinder.«

»Besonders auf mich«, sagte Klara versonnen.

Franz wollte sich darüber schon lautstark aufregen, da schaute Sophie ihn schnell an, formte fast lautlos mit den Lippen: »Sie hat doch heute Geburtstag …«

Als Antwort gab es ein resigniertes Schulterzucken, aber zumindest sagte Franz nichts mehr.

Als Sophie sich aufrichtete, sah sie Michael neben sich stehen. Mit einem ganz eigenen Gesichtsausdruck, den sie gar nicht richtig deuten konnte, schaute er sie an.

»Du bist einfach einmalig«, sagte er, streifte dabei leicht über ihren Oberarm. »Christoph muss der glücklichste Mann der Welt sein, wenn er dich zur Freundin hat.«

Sophie ertrank fast in seinen Augen, von ihr aus konnte die Welt jetzt einfach stehen bleiben. »Christoph … äh … ist gar nicht«, brachte sie stockend hervor, bekam den Satz jedoch nicht fertig.

Denn wie aus dem Nichts stand auf einmal Katrin vor ihnen. Wunderhübsch gestylt in einem kurzen grünen Kleid im Safaristil und mit viel goldenem Schmuck behangen. Daneben kam sich Sophie in ihrer billigen Piratenverkleidung mehr als lächerlich vor.

»Na, ihr beiden«, meinte Katrin von oben herab, »Ich hoffe, ich störe nicht, aber ich wollte für Klara natürlich auch noch ein Geschenk vorbeibringen.«

»Sehr nett«, sagte Michael, allerdings in einem Ton, der seine Worte Lügen strafte. Offensichtlich war er nicht wirklich erpicht darauf, seine Ex, die nun ein Päckchen aus ihrer Handtasche holte, wiederzusehen. Oder war es ihm bloß unangenehm, weil er eben mit Sophie so innig zusammengestanden hatte? Die streifte sich nun peinlich berührt die dämliche Augenklappe ab und setzte ein schiefes Lächeln auf. »Ich werde mich mal um die Pizza für die Kinder kümmern.«

Na toll, etwas Geistreicheres war ihr nicht eingefallen. Als sie in ihren improvisierten, albernen Stulpenstiefeln, Sandalen mit darübergezogenen Gamaschen, davonstapfte, hoffte sie, dass niemand ihr nachstarrte.

10

»Du bist so gemein, Franzi!« Mit bebender Unterlippe zeigte Klara auf ihr nun nicht mehr reinweißes Baumwollkleid: Im gesamten Brustbereich war Erdbeer- und Schokoladeneis verschmiert. Inzwischen rannen dem zornigen Mädchen bereits Tränen über die Wangen. »Das Kleid habe ich zum Geburtstag bekommen, du Depp!«

Sophie, die an diesem sonnigen Samstagnachmittag mit den beiden Kindern in einer Warteschlange vor der Karussellkasse stand und es nun einigermaßen bereute, Klara und Franz auf dem Dorffest im Vorbeigehen noch schnell eine Tüte Eis gekauft zu haben, beugte sich zu dem Mädchen hinunter. »Vielleicht krieg ich das ja wieder hin.«

Mit einem Feuchttuch, das sie in ihrer Handtasche gefunden hatte, begann sie, an dem Fleck herumzureiben. Mit dem Ergebnis, dass er noch größer wurde und mit seiner seltsamen braunroten Farbe auch noch viel ekliger aussah.

»Tut mir ja leid«, brummte Franz, der Klara zwar bewusst einen unsanften Rempler verpasst hatte, aber dass ihr hübsches neues Kleidchen mit dem weiten Rock nun wie ein Stallkittel aussah, hatte er nun wirklich nicht gewollt.

»Ich will hier nicht mehr bleiben!« Nun schluchzte Klara richtiggehend verzweifelt, auf ihrem Gesicht mischten sich Tränen und Eis zu einer nicht besonders appetitlichen Mischung. Sophie seufzte leise auf. Ein Königreich für ein zweites Feuchttuch! Zumindest entdeckte sie in den Tiefen ihrer Handtasche eine Packung Taschentücher.

»So, mein Mäuschen.« Tröstend strich sie Klara, die sich ihr heulend an den Hals geworfen hatte, über die geflochtenen Zöpfe. »Ist ja halb so schlimm, das Kleid kann man waschen, dann schaut's wieder aus wie neu.«

»Sophie, pass nur auf, dass dir die Klara nicht auch noch dein neues Dirndl versaut«, meinte da Franz nicht ganz so einfühlsam.

Es war genau das Dirndl, welches sie vor einiger Zeit in Katrins Boutique anprobiert hatte, und wow, an diesem Morgen, als sie aus dem Badezimmer gekommen war, hatte es tatsächlich an ihrer Schranktür gehangen. Ein wenig war sich Sophie nun wirklich wie das »Aschenputtel« im Märchen vorgekommen.

Bevor sie Michael suchen und sich bei ihm bedanken konnte, hatte der schon seinen Kopf zur Zimmertür hereingesteckt und fröhlich gerufen:

»Ist für das Dorffest heute, Gemeinschaftsgeschenk von Katrin und mir – ihr tut die Sache mit dem Armband wirklich wahnsinnig leid.«

»Ist doch längst vergessen, aber dieses Dirndl ist der absolute Wahnsinn«, hatte Sophie verzückt gestammelt. »Vielen, vielen Dank.« Ohne nachzudenken, hatte sie Michael umarmt, um in der nächsten Sekunde erschrocken über sich selbst zurückzuweichen. Puh, der Mann fühlte sich viel zu gut an, roch viel zu gut. Aufgesetzt fröhlich hatte sie dann verkündet: »Und vielen, vielen Dank an die Katrin, ist wirklich sehr lieb von ihr.«

Dass sie ihr nicht ganz abnahm, diese Charmeoffensive ihretwegen veranstaltet zu haben, behielt sie lieber für sich. Es war auch völlig gleichgültig. Selbst wenn Katrin mit ihrem großzügigen Geschenk keinen anderen als Michael beeindrucken wollte, freute sich Sophie tatsächlich wie verrückt über das wunderhübsche smaragdgrüne Dirndl, auf dessen weißer Bluse jetzt tatsächlich schon Spuren von Schokoeis gemischt mit Klaras Tränen prangten. Langsam war es wirklich Zeit, dass Klaras Kummer gestillt wurde.

»Was hältst du davon, wenn wir kurz nach Hause laufen und du dir ein anderes hübsches Kleidchen anziehst?«

Suchend schaute sie sich dabei nach Michael um, der eigentlich bis vor ein paar Minuten – also bis kurz vor dem Eisunfall – noch bei ihnen gewesen war. Da ihn jedoch der Chef vom Parkhotel, Clemens Trautner, geschäftlich sprechen wollte, hatten beide vor dem Jahrmarktslärm das Weite gesucht. Mit der Konsequenz, dass Sophie ihn inmitten all der Menschen gar nicht mehr erspähen konnte.

»Katrin und du, ihr seid wirklich nicht mehr zusammen?«, fragte Clemens betont beiläufig. Michael, der mit ihm an einem Tisch im Bierzelt in einiger Entfernung von der lärmenden Tanzfläche saß, schaute erstaunt auf. Dieses Blitzen in den Augen des anderen war ihm nicht entgangen.

»Ja, wir haben uns getrennt, ist besser für uns beide«, bestätigte er, dabei registrierte er erfreut, wie sich auf den Lippen von Clemens ein kleines Lächeln abzeichnete, das dem Mann wohl in derselben Sekunde bewusst geworden war – und deshalb rasch wieder einem ernsten Gesichtsausdruck wich. Nun musste sich Michael auf die Lippe beißen, um nicht laut aufzulachen. Echt putzig, wie Clemens seine Freude angesichts der Tatsache, dass Katrin wieder Single war, verbergen wollte. Okay, nicht unbedingt erfolgreich, aber das störte den Biobauern überhaupt nicht. Im Gegenteil, er freute sich darüber, wenn Katrin ihr neues Glück fand. Sein schlechtes Gewissen, weil er mit der Frau, die offensichtlich immer noch an ihm hing, Schluss gemacht hatte, nagte ohnehin an ihm. Noch mehr, da er das Ende ihrer Beziehung viel zu wenig betrauerte. Im Gegenteil. Denn genau genommen war er regelrecht erleichtert über ihre Trennung. Nun wollte er die Gelegenheit beim Schopf packen, um ein wenig Liebesengel zu spielen.

»Ja, die Katrin ist da der gleichen Meinung wie ich, wir passen einfach nicht zusammen.« Scheinbar ratlos zuckte er mit den Schultern. »Aber leicht ist es natürlich trotzdem für keinen von uns beiden.«

Clemens nickte beifällig. »Verstehe.«

»Ja, deshalb wäre es natürlich gut, wenn sie jetzt besonders liebe Freunde um sich rum hätte.« Und so, als ob ihm der Einfall eben erst gekommen wäre, fügte er hinzu: »Dich mag sie ja besonders, also wenn du einfach mal Zeit zum Reden für sie hättest.«

Eine leichte Röte überzog die Wangen von Clemens. »Ja, … äh, … warum nicht, sie hat mir ja so toll bei der Deko im Parkhotel geholfen. Und wir haben echt einen sehr guten, … äh, na ja, recht passablen … Draht zueinander. Da kann man sich schon mal auf einen Kaffee zusammensetzen«, stotterte er.

»Das wäre genau das, was ihr guttun würde.«

»Wenn es dich beruhigt, mach ich das sehr gerne.«

Clemens hob den Kopf, um sich in dem Bierzelt nach Katrin umzusehen. Vorhin noch hatte er sie in einem umwerfend schönen karminroten Dirndl gesehen, das ihre dunklen Haare so richtig hatte strahlen lassen. Ohnehin konnte die Frau alles tragen und würde noch in einem alten Leinensack wirken wie ein Model aus einer Pariser Modezeitschrift. Oh, da hinten beim Ausgang entdeckte er sie, wie sie sich mit der Irmi unterhielt. Süß, der hochgesteckte Zopf. Ein Stück weiter stand der Christoph, sein Restaurantchef, mit einem anderen Mann. Einer plötzlichen Eingebung folgend sprang Clemens auf.

»Weißt was, Michael, ich hol dir mal den Christoph her, der kennt sich ohnehin am besten aus, wie viel Käse wir brauchen.«

»Aber das hat er dir doch aufgeschrieben«, wehrte der Angesprochene ab, zeigte dabei unwirsch auf den Block, der vor ihnen auf dem Tisch lag. »Da steht doch alles, was ihr für eure Tiroler Themenabende braucht!« Auf ein Gespräch mit dem Lover von Sophie hatte er ungefähr so viel Lust wie auf gehöriges Sodbrennen.

Aber Clemens ließ sich nicht beirren. »Du, gemeinsam kommt ihr bestimmt auf super Ideen!«, erklärte er bereits im Weggehen.

Michael wollte die Chance ergreifen, um zu flüchten. Er wollte ohnehin zu den Kindern zurück. Und ja, auch wenn er es nicht mal vor sich selbst zugeben mochte, zu Sophie drängte es ihn auch.

Dummerweise kamen da auch schon Christoph und der fremde Mann, ein schlanker blonder Typ, ziemlich attraktiv, um sich im nächsten Moment auf der gegenüberliegenden Bank niederzulassen.

»Hallo Michael, das ist mein Freund Peter«, begrüßte ihn Christoph mit einem breiten Grinsen.

Michael versuchte zurückzulächeln, merkte jedoch selbst, dass er kaum mehr als ein Fletschen der Zähne zustande brachte. »Hallo zusammen!«

Dieser Peter nickte ihm jetzt ebenfalls lächelnd zu. »Hi! Ich bin so froh, dass ich hier endlich mal Christophs Welt kennenlernen kann. Sonst haben wir uns ja immer in Kitzbühel getroffen.«

»Na, sehr schön«, antwortete Michael, der nur Bahnhof verstand. Was war so Besonderes daran, den Heimatort eines Kumpels zu erkunden? Und es lag ja vermutlich an diesem Peter selbst, dass ihm Ellmau zuvor womöglich schlicht zu klein und langweilig vorgekommen war.

»Ja, auf einmal ist für mich alles total einfach geworden«, sagte da Christoph, schaute bei diesen Worten regelrecht verträumt drein.

Michael rollte mit den Augen. Jetzt würde er ihm sicher erzählen, wie verliebt er ihn Sophie war, wie glücklich sie ihn machte. Friede, Freude, Eierkuchen oder so ähnlich. Unter dem Tisch ballte er die Fäuste. »Ganz toll, wenn bei dir alles fantastisch läuft«, sagte er so missmutig wie möglich. »Aber jetzt würde ich sehr gerne über den Bergkäse reden. Eben sind ein paar echt tolle Laibe gereift. Wenn ihr wollt, dann kann ich euch demnächst Kostproben ins Parkhotel …«

Weiter kam er nicht, starrte stattdessen völlig entgeistert Christoph an, der Peter ganz lässig einen Arm um die Schulter gelegt hatte.

»Ja, wir sind zusammen«, erklärte Christoph einfach, schaute Michael dabei fest in die Augen.

Der musste auf einmal wie verrückt blinzeln. Im Grunde war es ihm völlig egal, wer wen liebte. Das sollten erwachsene Menschen unter sich ausmachen. Aber Christoph war doch Sophies Freund – und durfte sie nicht dermaßen an der Nase herumführen! Unwillkürlich fühlte er bei dem Gedanken, dass jemand Sophie wehtat, einen dumpfen Druck auf der Brust.

»Was sagt denn die Sophie dazu?«, fragte er so leichthin wie möglich, bemerkte jedoch selbst den gefährlichen Unterton in seiner Stimme.

Christoph schaute ihn scheinbar erstaunt an, dieser falsche Hundling! »Sophie findet das völlig in Ordnung. Sie hat gleich gesagt, dass wir ja nicht mehr im Mittelalter leben.«

»Aha.«

Michael verstand die Welt nicht mehr. Hatte sich seine Angestellte auf eine Dreierbeziehung eingelassen? Ehrlich gesagt hätte er sie da etwas anders eingeschätzt. Eigentlich viel romantischer. Liebe für den einen, für immer und ewig und so weiter. Nein, bestimmt hatte diese Frau nur in diese *Ménage à trois* eingewilligt, weil sie diesen dämlichen Christoph, der ihre Liebe so was von nicht verdient hatte, keinesfalls verlieren wollte.

»Ich hoffe nur, dass du Sophie nicht verletzt. Sie liebt dich doch«, murmelte Michael. Ja, er wusste, es ging ihn alles nichts an. Aber Sophie war einfach ein zu lieber Mensch, um ausgenutzt zu werden. Und in ihren Augen bemerkte er ohnehin manchmal so einen seltsamen Ausdruck, als ob ihre Vergangenheit nicht immer allzu rosig gewesen wäre.

Aber dieser blöde Christoph sah überhaupt nicht ein, was er da mit dem Herzen dieser süßen Frau anstellte. Stattdessen lachte er. »Ich liebe Sophie auch, aber als guten Kumpel! Ich habe ihr sofort erzählt, dass ich schwul bin und sie fand das völlig okay.«

»Natürlich, ist es ja auch«, bekräftigte Michael nun die Äußerung und war noch nie so glücklich über ein Coming-out wie über dieses.

Denn das hieß ja nichts anderes, als dass Sophie gar keinen Liebhaber hatte. Und diese Tatsache gefiel ihm außerordentlich gut. Ja, es war eine wahrhaftig phänomenale Neuigkeit.

»So, und da ich dir die Frage, in wen die Sophie wirklich verliebt ist, nicht beantworten kann, können wir uns gerne über deinen

Bergkäse unterhalten«, sagte Christoph augenzwinkernd.

»Ja, sicher«, erwiderte Michael verwirrt.

Was bedeutete denn das? Gab es einen anderen in Sophies Leben? Oder hatte Sophie ihm eine angebliche Beziehung zu Christoph deshalb vorgeflunkert, weil sie gemerkt hatte, wie gern er sie mochte? Wie unglaublich gern. Und ihr war das wohl einfach schrecklich lästig gewesen. Seine eben noch so gute Stimmung bewegte sich nun wieder in Richtung Nullpunkt, trotzdem schüttelte er diese Gefühle ab. In einer ruhigen Minute würde er darüber nachdenken – oder vielleicht sogar die Sophie darauf ansprechen?

»Und riskieren, dass sie gar nicht mehr für dich arbeiten will«, schnaubte eine leise Stimme in seinem Hinterkopf.

Das wäre übel. Egal, er musste sich nun endlich auf sein Geschäftsgespräch konzentrieren. Da tippte ihm von hinten jemand auf die Schulter. Es war Klara, neben ihr standen Franz und Sophie. Sie sah in dem grünen Dirndl so was von entzückend und zugleich sexy aus. Und nach den Blicken der Männer zu urteilen, die Sophie nachschauten, war er nicht der Einzige, dem das auffiel.

»Papa, schau, was der Franz mit meinem Kleid gemacht hat«, jammerte Klara.

»Ich hab mich eh schon entschuldigt!«, blaffte Franz seine Schwester an.

Sophie trat schnell dazwischen. »Wir wollten dir nur sagen, dass wir kurz zum Hof zurückspazieren, damit Klara sich umziehen kann.«

Mit ihren himmelblauen Augen strahlte sie ihn an, dass ihm ganz schwindelig wurde. »Ja, sicher, soll ich mitkommen?«

»Nein, nein, das schaffen wir schon.«

Sie stupste Franz leicht in die Seite. »Wir haben ja männliche Begleitung.«

Franz, der offensichtlich lieber geblieben wäre, sich aber nun in der Pflicht fühlte, seufzte laut auf. Doch da niemand darauf einging, trottete er gleich darauf neben Klara und Sophie zum Zeltausgang. Michael sah ihnen hinterher und winkte Sophie, die sich noch einmal umdrehte, scheinbar beiläufig zu.

»Tanzt du dann mit mir?«, rief er ihr einem plötzlichen Einfall nachgebend zu. Sie nickte – und sein Puls raste, als ob er eben einen Supersprint hingelegt hätte.

Überrascht, dass in Ellmau dermaßen viel los war, stieg Sven aus dem Bus. Nanu, er hatte sich ein verschlafenes Dörfchen vorgestellt. Nun wimmelte es hier von Menschen, offenbar eine bunte Mischung aus Einheimischen und Touristen. Aha, ein Kirchtag oder Ähnliches, registrierte er, als er in einiger Entfernung ein

Karussell, Luftschaukeln und ein Bierzelt erkannte. Frustriert schnalzte er mit der Zunge. Ein Rätsel, wie er bei all den Leuten Sophie finden sollte. Dabei war es geradezu ein Wink des Schicksals gewesen, als er bei dieser arroganten Lisa die Ansichtskarte auf dem Boden hatte liegen gesehen mit Sophies geschwungener Handschrift darauf. Vor lauter Glück hätte er am liebsten einen Luftsprung vollführt. Jetzt hoffte er natürlich, dass Lisa die Karte gar nicht vermisst und infolgedessen Sophie auch noch nicht gewarnt hatte. Nein, er musste einfach darauf vertrauen, dass die Gerechtigkeit auf seiner Seite war und Sophie nicht ungeschoren davonkam.

Neugierig schaute er sich in dem malerischen Dorf um. Ellmau in Tirol. Rasch hatte er im Internet eine Zugverbindung rausgesucht, dann aber für die Umsetzung des Plans noch einige Tage gebraucht. Vielleicht aus Angst vor sich selbst? Sätze wie: »Wenn dir Sophie jetzt unter die Finger kommt, kann sie sich auf etwas gefasst machen«, waren durch seinen Kopf geschwirrt, im Geiste sah er schon das Blut spritzen, wenn er Sophie eine ordentliche Abreibung verpasste. Aber zuerst musste er die Frau, die ihm sein ganzes Leben versaut hatte, finden.

»Zur wilden Gams« las er auf einer Wirtshaustafel. Aus dem Gastgarten drangen fröhliche Stimmen und lautes Gelächter. Tja, wer sonst, wenn nicht der Dorfwirt, wusste über alles Bescheid. Entschlossen schritt er über die Schwelle des Gastgartens, sah jedoch, dass alle Tische zum Brechen voll waren. Oh, dort hinten an einem winzigen Katzentisch stand eben ein junges Paar auf. Bevor andere Gäste, zwei Frauen um die fünfzig, die schon länger auf dem Kiesweg gestanden und sich wartend umgesehen hatten, bei dem Tisch waren, schubste Sven sie rüpelhaft zur Seite und stürzte auf einen der Stühle zu. Als er saß, warf er den beiden Frauen noch einen triumphierenden Blick zu. Sollten sie nur herkommen und sich aufregen, diese Weiber, wenn sie sich trauten. Er würde den beiden schon zeigen, wo es langging. Ha, hatte er es doch gewusst, dass sie dafür viel zu feig sein würden! Kopfschüttelnd steuerten sie auf einen weiter entfernten Tisch zu, an dem ebenfalls ein paar Gäste aufgestanden waren.

Fanni Wabinger wusste nicht, wo ihr der Kopf stand. Ihre Sorge, dass wegen des großen Bierzelts Gäste bei ihr ausbleiben würden, war völlig unbegründet gewesen. Alle Hände voll zu tun hatten sie, sowohl in der Küche als auch im Gastgarten. An den Türstock der Küche gelehnt, schaute sie dankbar zu Margarete, die eben Bestellungen an einem größeren Tisch aufnahm. In letzter Zeit half ihre Schwägerin öfters im Gasthaus mit – tja, und niemals hätte

Fanni gedacht, dass sie miteinander so viel Spaß haben würden. Wirklich eine Liebe, ihre Schwägerin, die sie neuerdings sogar in alte Familienrezepte einweihte. Ihre Marillenknödel »à la Margarete« waren der neueste Hit bei den Gästen.

Fanni wollte eben wieder in die Küche laufen, um die nächsten Teller mit diesen geradezu magisch guten Knödeln zu holen, die ihrem berühmten Kaiserschmarrn noch den Rang ablaufen würden, als sie ihn bemerkte. Einen fremden, etwa dreißigjährigen Mann, der ihr von einem kleinen Tisch im hinteren Bereich des Gartens aufgeregt zuwinkte. Ts-ts-ts, da hatte es aber jemand eilig, doch bitte. Mit einer kleinen Grimasse steuerte sie auf ihn zu. Recht fesch sah der große, schlaksige Typ aus: Kantiges Gesicht, braune Augen. Vielleicht war der Blick ein wenig gehetzt … Nein, der Mann hatte offensichtlich einen Riesendurst.

»Grüß Gott, was darf's denn sein?«, fragte sie freundlich, als sie bei ihm angekommen war.

»Ein großes Bier und eine Frage hätte ich auch.«

Fanni lachte auf. »Bestimmt wollen Sie unsere fantastischen Marillenknödel probieren oder einen Kaiserschmarrn. Aber da müssen Sie heute ein bisschen Geduld mitbringen.« Sie zuckte entschuldigend mit den Achseln. »Im Moment kommen wir gar nicht mit dem Kochen nach.«

»Nein, nein, Hunger habe ich keinen«, winkte der Mann ab. »Ich wollte Sie nur fragen, ob Sie jemanden kennen.«

»Na, dann mal los. Als Wirtin kenne ich fast alle hier«, sagte Fanni, die den Mann auf einmal ein wenig unheimlich fand, mit zusammengekniffenen Augen. Schwer zu sagen, warum. Aber sein Blick war eindeutig stechend. Und das hatte wohl nichts mit seinem Durst zu tun.

»Ich suche eine Sophie Möller aus München. Gute Freundin von mir, haben uns aber schon ewig nicht mehr gesehen. Blonde lange Haare, eher klein und zierlich.«

»Sophie Möller, blond ...?«, wiederholte sie langsam. Dann tat sie so, als ob sie scharf überlegen müsste. Dabei wusste sie natürlich sofort, wen dieser seltsame Kerl meinte. Gleichzeitig war sie sich aber auch im Klaren darüber, dass sie ihm nicht weiterhelfen würde. Ein guter Freund? Dass sie nicht lachte! Sophie war doch nicht blond, sondern hatte ihre Haare dunkel gefärbt, was man am hellen Ansatz bemerkte. Zumindest Fanni als Frau fiel das auf. Und einem guten Freund hätte Sophie das bestimmt erzählt, außerdem ihre genaue Adresse genannt, und eine Telefonnummer hätte er auch von ihr.

»Ich habe mein Handy verloren«, seufzte der Mann jetzt aber auf, so als ob er ihre Gedanken lesen konnte. »Und damit die meisten Telefonnummern aus meinem Freundeskreis gleich dazu. Blöder geht's echt nicht.« Offenbar recht bekümmert schüttelte er den Kopf. »Und jetzt habe ich die Sophie nicht mal benachrichtigen können, wann ich ankomme.«

»Ach so ist das«, murmelte sie.

Der blonde Mann strich sich mit einem schiefen Lächeln, das ihr ziemlich listig erschien, eine halblange Haarsträhne aus dem Gesicht. »Und sie kann mich natürlich auch nicht anrufen, weil ich das Telefon nicht mehr habe.«

Tja, das klang sogar ziemlich einleuchtend, und als hilfsbereiter Mensch, der Fanni nun mal war, wusste sie auch, was sie tun sollte. »Tut mir wirklich leid, dass Ihnen so ein Missgeschick passiert ist, aber ich kenne keine Sophie. Wie haben Sie noch mal gesagt? Müller?« Als sie den zornigen Blick des Mannes registrierte, war sie sich absolut sicher, das Richtige getan zu haben. Der Typ erschien ihr nun nicht bloß seltsam, sondern so, als ob von ihm eine Gefahr ausgehen würde. Wenn sie Sophie traf, musste sie ihr unbedingt von diesem Menschen erzählen.

Die Gesuchte war zu diesem Zeitpunkt dabei, mit Klara ein anderes Kleid auszusuchen. Eben waren die drei auf dem Hafner-Hof angekommen. Und während Franz in der Wohnküche Sissi mit Hundekeksen fütterte, standen Sophie und seine kleine Schwester vor dem Kleiderschrank in Klaras Kinderzimmer.

»Wo ist eigentlich das rote mit den Katzen?«, maulte Klara.

»Leider in der Wäsche.«

»Dieser blöde Franzi!« Wütend stampfte das Mädchen mit dem Fuß auf. Es konnte immer noch nicht verwinden, dass sein Bruder das schöne neue Kleid dreckig gemacht hatte. Dabei hätte Klara es so gerne ihren Kindergartenfreundinnen gezeigt, die alle mit ihren Eltern auf das Dorffest kommen wollten.

Sophie konnte sich in etwa vorstellen, was in der Kleinen vorging und zwinkerte ihr zu.

»Jetzt such dir schnell ein anderes Kleid aus, sonst kommen wir ja erst wieder zum Dorffest, wenn alle Kinder schlafen!« Gut, sie übertrieb ein wenig, schließlich war erst früher Nachmittag, aber es zeigte Wirkung. Denn in Windeseile entschied sich Klara für ein türkisfarbenes Hängerchen und stürmte damit gleich darauf die Treppe hinunter. »Ich bin fertig! Wir können gehen!«

Als Franz seine Schwester und Sophie, die nach ihr kam, sah, hielt er sich auf einmal den Bauch, der zugegeben ziemlich laut knurrte. »Hilfe, ich sterbe vor Hunger!«

Sophie, die genau wusste, dass der Bub vor nicht allzu langer Zeit bei der Lasagne zu Mittag ordentlich zugegriffen hatte, lachte auf. »Das müssen wir unbedingt verhindern!«

Klara war anzusehen, dass sie protestieren wollte – doch im letzten Moment überlegte sie es sich doch noch anders. »Eigentlich hätte ich auch noch gerne ein Stück Lasagne.«

»Aber klar doch«, nickte Sophie und steuerte auf den Kühlschrank zu. Zum Dorffest würden sie noch früh genug zurückkommen.

In der »Wilden Gams« hatte Sven sein Bier ausgetrunken und warf nun missmutig ein paar Münzen auf den Tisch. Wenn nicht mal die Wirtin Sophie kannte, war es wohl nur schwer möglich, seine Exfreundin ausfindig zu machen. Da durchfuhr ihn ein Gedanke, so schmerzhaft wie ein Messerstich: Vielleicht lebte Sophie ja gar nicht in Ellmau, hatte bloß einen Ausflug hierher gemacht und eine Karte geschickt. Nein, nein, der Text war eindeutig gewesen – Lisa sollte sie hier besuchen. Nun ja, ihren Besuch würde Sophie bekommen, wenn auch nicht von der Person, die sie eingeladen hatte.

»Wenn ich sie überhaupt finde«, murmelte er fast lautlos. Am liebsten hätte er sich diese Wirtin noch mal vorgeknöpft. Denn nach deren abweisendem Blick zu urteilen, wollte sie ihm wohl auch gar nicht weiterhelfen. Nur leider bemerkte er, dass er sie hier in dem Trubel wohl keine Sekunde lang alleine antreffen würde. Widerstrebend stand er auf, vielleicht hatte er ja woanders mehr Glück.

Da wurde er von hinten am T-Shirt festgehalten. Zornig drehte er sich um und sah sich Auge in Auge mit einer ausnehmend hübschen Frau mit hochgesteckten dunklen Zöpfen und einem dunkelroten Dirndl, die inmitten einer Gruppe am Nebentisch saß und ihn herausfordernd ansah.

»Ich habe nur so nebenbei aufgeschnappt, dass Sie jemanden suchen. Sophie Möller, oder?«

Sven, der einen Lichtstreif am Horizont zu erahnen glaubte, wechselte rasch den Gesichtsausdruck von wütend zu überaus charmant. »Ja, eine gute Freundin. Aber leider habe ich ihre Nummer nicht mehr. Das Handy ist mir …«

»Habe ich mitgekriegt«, unterbrach ihn die Schöne, die sich offenbar schnell langweilte, energisch. »Traurige Geschichte.« Ein kleines Lächeln huschte über ihr Gesicht. »Aber ich kenne die Frau. Sie arbeitet am Hafner-Hof als Kindermädchen,. 15 Minuten Fußweg von hier, aber vorhin habe ich sie noch auf dem Dorffest gesehen.«

»Danke, Sie sind echt der Hammer!«, sagte Sven ehrlich begeistert, nachdem die Frau ihm den Weg erklärt hatte, dann stürmte er davon.

Katrin schaute ihm lange nach, nun doch nicht so sicher, ob es wirklich richtig war, von Sophie zu erzählen. Denn dieser Mann hatte irgendwie komisch gewirkt, fast ein bisschen irre. Gleich darauf verzog sie abschätzig den Mund. War ja nicht ihr Problem, dass Sophie so schräge Menschen kannte. Und vielleicht war es ja ganz gut, wenn sie mit dem Mann, der ganz klar nicht nur als Kumpel an ihr interessiert war, wieder zusammenkam. Dann würde Michael, der leider eine kleine Schwäche für diese schreckliche Münchnerin besaß, ohne es vielleicht selbst zu wissen, endlich wieder zur Vernunft kommen und zu ihr zurückkehren.

Auf dem Hafner-Hof waren die Kinder nun endlich gesättigt, auch Sissi und die schwarze Katze Cleo, die neben dem Collie unter dem Tisch um Fleischstückchen gebettelt hatte, schienen zufrieden.

»Na dann, Abmarsch, meine Lieben!«, rief Sophie vergnügt, nachdem sie die schmutzigen Teller in die Spülmaschine gestellt hatte. Auch wenn sie es sich selbst nicht eingestehen wollte, konnte sie es kaum erwarten, Michael wiederzusehen. Offenbar war sie wirklich ein hoffnungsloser Fall.

»Tanzt du dann wirklich mit dem Papa?«, wollte Franz wissen.

»Vielleicht«, lachte Sophie, die Michaels Vorschlag von vorhin nicht wirklich ernst genommen hatte. Trotzdem wurde ihr beim Gedanken daran, von ihm im Arm gehalten zu werden, abwechselnd kalt und heiß. »Jetzt aber los!«, rief sie energischer als gewollt.

Da hörte sie vom Flur, wie die Haustür leise geöffnet und wieder geschlossen wurde. Michael, der aus irgendeinem Grund ebenfalls einen Sprung nach Hause gemacht hatte. Automatisch beschleunigte sich ihr Herzschlag, doch noch während sie ins Vorzimmer lief, wunderte sie sich, dass Michael sie nicht wie sonst laut begrüßte. Als sie in der nächsten Sekunde in zwei stechende Augen schaute, wusste sie warum.

»Sven«, stieß sie atemlos hervor. »Was machst du denn hier?«

»Na, freust du dich gar nicht über meinen Besuch?« Er lachte hämisch. »Ich habe extra für dich so lange im Zug gesessen. Gut schaust aus mit den dunklen Haaren, aber auch ganz schön verändert.« Mit einer Grimasse fügte er hinzu: »Fast hätte ich dich gar nicht mehr erkannt.«

»Wer ist das, Sophie?«, fragte da Klara, die aus der Küche gekommen war und sich an Sophies Bein klammerte.

Im Gegensatz zu Franz, der sich schützend vor sein Kindermädchen stellen wollte. Doch die schob ihn ungewohnt heftig in Richtung Wohnzimmer.

»Ihr dürft euch was im Fernsehen anschauen«, stammelte sie. Als sie den entrüsteten Blick von Franz sah, fügte sie ein leises »Bitte« hinzu.

Zum Glück nickte der Bub und ging, seine kleine Schwester an der Hand, ins Wohnzimmer. Sophie registrierte das mit einiger Erleichterung, dann wandte sie sich erneut Sven zu: »Bitte tu den Kindern nichts«, flüsterte sie mit zitternder Stimme. Und etwas lauter – und hoffentlich auch selbstsicherer: »Komm, setzen wir uns draußen hin, dann können wir in Ruhe miteinander reden.«

Obwohl ihr der Puls bis in die Ohren rauschte, versuchte sie die Nerven zu behalten. Nur so hatten die Kinder und sie eine reelle Chance, heil aus diesem Albtraum herauszukommen. Sie durfte gar nicht darüber nachdenken, wie durchgedreht er wirkte: Schweißperlen auf seiner Stirn und ein Gesichtsausdruck, als ob er ihr jeden Moment an die Kehle gehen wollte. Dann erst sah sie das glitzernde Metall in seiner rechten Hand. Ein Springmesser. Gar nichts würde hier gut ausgehen. Sie konnte nur beten, dass er Klara und Franz verschonte.

»Komm, wir gehen raus«, versuchte sie es noch einmal.

Sven verzog das Gesicht. »Denkst du wirklich, mich interessiert eine Bauernhofführung? Aber bitte.« Er öffnete die Haustür und gab ihr einen brutalen Stoß. »Du zuerst.« Dann spürte sie die kühle Klinge an ihrem Hals. »Aber wenn du irgendwelche Mätzchen machst, seid ihr alle tot.«

»Nein, nein, ich verspreche es dir«, stöhnte sie auf, während er sie in Richtung Hühnerstall dirigierte. »Mach mit mir, was du willst, aber bitte lass die Kinder in Ruhe.«

Gleich darauf kauerte sie vor Sven im Heu, inmitten aufgeregt gackernder Hühner, die offenbar nicht verstanden, warum Sophie für sie heute keine Körner dabei hatte. Ihr ging nur ein Gedanke durch den Kopf: »Hoffentlich sind die Kinder weggelaufen, am besten ins Dorf, wo sie in Sicherheit sind.«

Mit ihrem eigenen Leben hatte sie abgeschlossen. Ja, nur ein unverbesserlicher Optimist hätte daran zweifeln können, dass Sven sie nun endgültig beseitigen wollte. Jetzt aber redete er in einem fort, erzählte wirre, unzusammenhängende Dinge von einem Job, einer neuen Freundin, von einer steilen Karriere, die er fast gemacht hätte.

»Und dass nichts geklappt hat, daran bist nur du Schuld«, zischte er ihr ins Ohr, während er mit dem Messer an ihrer Kehle entlangfuhr. »Du hast mein Leben versaut, hast aus mir einen seelischen Krüppel gemacht, dem nichts mehr gelingen mag.«

»Es tut mir sehr leid«, versuchte sie, ihn zu beruhigen, auch wenn sie keinerlei Hoffnung mehr hatte. »Ich wollte dir wirklich nicht wehtun.« Das Messer ritzte schmerzhaft an ihrer Kehle. Sie spürte, wie warmes Blut über ihr Brustbein in ihren Dirndlausschnitt rann.

»Hast du aber. Und das kann ich dir nicht länger durchgehen lassen«, flüsterte Sven und verschmierte das Blut offensichtlich gedankenverloren mit dem Zeigefinger auf ihrer Haut.

Sophie wurde es eiskalt. Diesem Psychopathen würde sie nicht entkommen, es war aussichtslos.

Dennoch, der Lebenswille ließ sich vermutlich nicht so leicht brechen, ließ sie ihren Blick hektisch durch den Stall wandern. Nein, keine Heugabel, kein Besen, absolut nichts sah sie, womit sie sich nur annähernd wehren könnte. Wenn sie es überhaupt geschafft hätte, sich von ihm loszumachen. Oder sollte sie Sven mit Eiern bewerfen? Als ihr dieser Gedanke kam, offensichtlich der reinste Galgenhumor, packte er sie heftiger.

»So schön du auch bist, meine Holde, ich kann dich nicht leben lassen. Und wenn du erst tot bist, werde ich mich um die süßen Kinderlein kümmern.« Er lachte irre, sein Speichel tropfte ihr auf die Brust, offensichtlich konnte er sich gar nicht mehr einkriegen. »Auf Wiedersehen, kleine Sophie!«

»Nein!«, schrie sie auf. Oder dachte sie es nur? Denn vor lauter Entsetzen war ihre Kehle völlig zugeschnürt. Und warum ihr Herz noch nicht stehen geblieben war, wunderte sie selbst. Aber ihre Hände funktionierten, und mit einer Hand griff sie tatsächlich nach einem Ei, das ein Huhn glücklicherweise neben ihr im Heu fallen gelassen hatte. So fest, wie sie nur konnte, schlug sie es gegen Svens Augen. Dann ging alles rasend schnell. Sven fasste sich mit einem Aufschrei in sein mit Dotter und Eiklar besudeltes Gesicht, im selben Moment wurde die Stalltür aufgeschleudert und Michael sprang herein. Drei kräftige Fausthiebe verpasste er Sven, bis der bewusstlos zu Boden sank. Gleichzeitig klang der Lärm von Polizeisirenen den Berg hinauf. Sophie, von den Ereignissen völlig überrollt, verstand noch gar nicht, was hier vor sich ging, bis Michael sie in seine Arme zog. Jetzt erst begann sie zu schluchzen und konnte auch nicht aufhören, als Sven, der wieder einigermaßen zu sich gekommen war, kurz darauf von zwei Polizisten abgeführt wurde.

Später, als die Kinder, die Michael vom Festnetztelefon auf dem Hafner-Hof angerufen hatten, schon schliefen, saßen Sophie und ihr Chef noch zusammen am Küchentisch.

»Katrin hat mich angesprochen. Ihr war ziemlich mulmig zumute, dass sie deinem angeblichen Freund von dir erzählt hatte. Als sie darüber nachgedacht hat, war ihr klar, dass dieser Typ nichts Gutes im Schilde führte. Und gleich darauf kam dann auch schon der Anruf vom Franz.«

»Danke«, sagte Sophie, die Michael alles von Sven und sich erzählt hatte, zum wiederholten Mal. »Danke, dass du so schnell gekommen bist.« Mit einem tiefen Seufzer stand sie auf und musste an Lisa denken, mit der sie eben telefoniert hatte. Auch sie war von Sven angegriffen worden. Und alles nur ihretwegen. Sophie fasste sich an den Hals, um den sie jetzt über der kleinen Schnittwunde einen leichten Verband trug, und schluckte. Offensichtlich brachte sie nur Unglück über die Menschen. »Ich werde dann mal packen.«

Michael schaute sie mit ungläubigem Gesichtsausdruck an. »Aber warum denn?«

»Ich kann doch wohl kaum länger hier bleiben«, sagte sie mit schwacher Stimme. Mist, jetzt kamen ihr schon wieder die Tränen! »Ich habe Franz und Klara in Lebensgefahr gebracht. Wer weiß, was hätte passieren können.«

Sie wollte aus der Küche rennen, doch Michael hielt sie an der Hand fest. »He, Sven ist der Böse, nicht du! Und ich wäre heilfroh, wenn dieser Mann nie mehr aus der Psychiatrie entlassen wird. Was sehr wahrscheinlich ist!«

»Aber ich habe euch alle in Gefahr gebracht, und das ist einfach unverzeihlich.«

Mit bebender Stimme riss sie sich von Michael los und stürmte aus der Tür. In ihrem Zimmer ließ sie sich aufs Bett fallen, hatte das Gefühl, als ob ihr die Luft wegbleiben würde. Dabei war die Gefahr doch gebannt. Diesmal würde Sven nicht davonkommen, das hatte ihr die Polizei versichert. Also konnte sie wieder in ihr altes Leben in München zurück. Tür an Tür mit Lisa, mit ihrem alten Job im Kindergarten. Verflixt noch mal, warum hatte sie trotzdem das Gefühl, als ob ihr jemand das Herz aus der Brust reißen würde? Klara und Franz ging es gut. Die beiden hatten glücklicherweise nicht allzu viel von der gefährlichen Situation mitbekommen und glaubten wohl die Version, wonach Sophie einfach einen kleinen Streit mit einem alten Bekannten hatte ausfechten müssen. »Hol jetzt endlich deinen Koffer!«, ermahnte sie sich im Stillen und stand auf.

Da hörte sie, wie ihre Zimmertür geöffnet wurde. Michael kam herein, blieb einen Meter entfernt vor ihr stehen. »Bitte bleib hier«, sagte er leise. »Die Kinder brauchen dich. Ich mag mir gar nicht vorstellen, wie die beiden reagieren würden, wenn du weg bist. Und ich brauche dich auch.« Er trat einen Schritt auf sie zu, legte seine Hand auf ihre Schulter. Was bewirkte, dass sofort kleine Blitze durch ihren Körper schossen. »Und auch, wenn ich keine Chance bei dir habe und du es sofort wieder vergessen sollst, einmal, nur ein einziges Mal muss ich es dir sagen: Ich liebe dich, obwohl ich mich wie ein Verrückter dagegen gewehrt habe.« Offensichtlich hoffnungslos zuckte er mit den Schultern. »Ich liebe dich.«

Sophie, die nicht wusste, ob sie wach war oder träumte – konnte sie vielleicht mal jemand zwicken? –, schlang, alle Hemmungen vergessend, ihre Arme um seinen Hals und schaute lächelnd in die wohl schönsten Augen der Welt. Zumindest für sie, auch wenn rein objektiv betrachtet, diese Augen tatsächlich der helle Wahnsinn waren. Und Michael zu berühren, seine kräftigen

Muskeln zu spüren, ließ ihren ganzen Körper vibrieren. Nun wunderte sie sich richtiggehend, wie sie es so viele Wochen geschafft hatte, sich zurückzuhalten.

»Ich liebe dich auch. Ehrlich gesagt schon von dem Moment an, als ich dich das erste Mal gesehen habe«, sagte sie leise.

»War bei mir genauso«, flüsterte er ihr ins Ohr. Rasch berichtigte er sich: »Nein, das ist nicht wahr. Ich glaube, ich habe mich schon in dich verknallt, als ich das erste Mal deine Stimme am Telefon gehört habe.«

Sophie hätte jetzt sagen können, dass es ihr im Grunde genauso ergangen war. Aber das musste noch eine Weile warten oder besser noch eine kleine Ewigkeit. Denn Michael strich ihr über die Haare, streichelte ihre Wangen. Dann berührte sein Mund endlich ihre Lippen, zuerst sanft, dann immer leidenschaftlicher. Himmel, konnte dieser Mann küssen! Ihre Lippen bekamen gar nicht genug, küssten zurück. Fast hatte sie das Gefühl, als ob sie gleich davonschweben würde. Aber nein, Michael hielt sie ganz sicher in seinen Armen.

Von Andrea Eichhorn bereits erschienen

Herzklopfen am Gardasee
272 Seiten
ISBN 978-3-475-54827-7

Die Familie Mariani hat es nicht leicht. Seit dem Tod ihrer Mutter versuchen die Geschwister Sofia und Pietro verzweifelt, das Familienrestaurant im schönen Bardolino am Gardasee über Wasser zu halten. Dabei haben die beiden jeder für sich mit ihren eigenen Problemen zu kämpfen. Pietro hat sich unsterblich in die bezaubernde Beatrice verliebt, die jedoch mit seinem besten Freund zusammen ist, und Sofias große Liebe Matteo zieht sich immer mehr von ihr zurück. Als dann auch noch der charmante Thomas, Sofias Freund aus Kindheitstagen, auf der Bildfläche auftaucht, überschlagen sich die Ereignisse …

Liebesglück in Tirol
272 Seiten
ISBN 978-3-475-54424-8

»Willkommen im Glück« – dies sind Name und Programm von Rosas Pension in den Tiroler Bergen. Ob beim ersten Liebeskummer oder bei den Stolpersteinen im Ehealltag – für ihre Gäste hat die hübsche Pensionswirtin stets die passende Lösung. Nur sie selbst hat einfach kein Glück in der Liebe. Schon seit Jahren schwärmt sie für ihren attraktiven Jugendfreund Christian. Doch dann steht Florian mit den stechend blauen Augen und dem verführerischen Lächeln vor ihr. Er erobert sie im Sturm und bringt ihr ruhiges Leben völlig durcheinander. Doch ausgerechnet Christian misstraut dem Liebesglück. Hat er doch Gefühle für Rosa? Wem kann sie noch vertrauen und wer meint es wirklich ehrlich mit ihr?